KB033759

혼자 읽기를 넘어
같이 읽기의 힘

공감, 치유, 성장의 가치를 함께하는
독서모임 만들기

# 혼자 읽기를 넘어
# 같이 읽기의 힘

신화라 지음

보아스
BOAZ

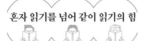
혼자 읽기를 넘어 같이 읽기의 힘 —————————— 차례

제3장
## 책을 중심으로 한 다양한 이벤트

제4장

# 독서모임 리더 되기

 제5장

# 독서모임 만들기 실전편

사람마다 관심사와 취미는 제각각입니다. 주변인들이 옷이나 그릇, 드라마와 자녀 학원 등의 주제로 이야기꽃을 피울 때 저는 별 관심이 없었습니다. 그러나 책 이야기가 나오면 마치 내 세상을 만난 듯 적극 동참했습니다. 그래서 같은 관심사를 갖고 함께 이야기꽃을 피울 수 있는 사람들을 본격적으로 찾아나섰습니다. 그렇게 하나둘 찾게 되었고 지금까지 만남을 이어오고 있는 사람들이 독서모임 회원들입니다. 제게 독서모임은 삶의 활력소이자 가장 잘 통하는 친구이기도 합니다.

사실 책을 좋아하면 혼자 읽어도 충분합니다. 조용히 책을 읽고 필사하고 곱씹으면서 자기 것으로 만들 수 있습니다. 또 요즘은 SNS가 매우 활성화되어 있어 자신의 독서활동을 기록하고 남들에게 알리기도 합니다. 그런데 저는 그것만으로는 뭔가 허전함이 느껴졌습니다. 읽고 좋은 책이 있으면 나만 좋았는지 다른 사람들의 의견이 매우 궁금했습니다. 그래서 책을 읽으면 읽을수록 독서모임을 만들고 싶은 욕구가 생겼고, 수첩을 들고 다니며 필요한 사항들을 적어놓았습니다. 어떤 사람들과 독서모임을 할 것인가? 모임 시간은 어떻게 할 것인가? 참가비는 얼마로 할 것인가? 장소는 어떻게 선정할 것인가? 등등 생각날 때마다 하나씩 적으면서 추가했습니다. 누가 될지 모르는 책친구들을 상상하며 행복감에 젖어 8개월 동안 수정하고 추가하며 독서모임을 준비했습니다.

독서모임은 이제 제 삶에서 일상이 되었습니다. 한 달의 시작은 독서모임 날짜를 표시하는 일로 시작합니다. 그리고 모임 날짜가 다가오면 설렙니다. 워킹맘인 제가 숨을 쉴 수 있는 유일한 통로이기도 한 독서모임은 무한한 에너지를 불어넣어 줍니다.

책을 좋아하는 사람들을 만나 이야기를 나누면서 많은 사람이 한 번쯤 독서모임에 참가하기를 고려한다는 것을 알게 되었습니다. 독서모임을 진행하는 사람으로서 한 가지 확실히 말할 수 있는 사실은 독서모임을 통해 얻는 장점이 너무 많다는 것입니다.

앞으로 인간의 수명이 100세가 보편화될 거라고 합니다. 행복한 삶을 위한 조건 중 가장 중요한 것 중 하나가 마음이 맞는 친구들을 갖는 것이라고 합니다. 책을 좋아하는 취향이 맞는 책친구가 있다는 것은 삶에서 큰 활력이자 에너지가 될 수 있습니다. 책을 읽고 서로의 의견을 나누고 같은 주제에 대해 같은 생각을 한다면 내 생각이 맞았구나 하고 확인할 수 있고, 또 서로 의견이 다르다면 다른 사람은 저렇게 생각하는구나 하는 지식을 얻을 수 있습니다. 책을 통해 세상에 대한 지식을 얻고, 또 마음이 맞는 친구와 함께하며 활력을 얻는다는 점에서 '책친구'는 삶에서 너무나 소중한 가치입니다.

갈수록 독서모임이 많아짐을 피부로 느낍니다. 그리고 자기만의 색깔을 가진 책방들도 많아졌습니다. 사람들은 자신에게 맞는 책방을 찾아서 좋아하는 책을 고르며 행복감을 느낍니다. 일식집에서 주방장에게 내가 먹을 음식의 메뉴를 일임하는 '오마카세'처럼 책방 주인이 알아서 선택해주는 책을 읽는 것은 큰 재미를 선사합니다. 또한 그러한 소소함이 일상에 치이고 지친 우리 마음을 위로해줍니다.

독서모임도 위로의 시간입니다. 내 느낌과 감동을 함께 나눌 수 있는 사람들이 모이는 곳이 바로 독서모임입니다. 또 온라인을 통해 책을 매개로 곳곳의 사람들을 만날 수 있는 통로이기도 합니다. 또한 독서를 하고 모임을 여는 것은 나를 찾는 일이기도 합니다. 책을 읽는 데 그치는 것이 아니라 좋은 곳을 필사하고 느낌을 나누는 일로 내 생각과 삶의 방향을 정리할 수 있기 때문입니다.

이 책은 독서모임을 통해 책을 만나고 책친구를 만드는 방법에 대해 이야기하고 있습니다. 그리고 자신이 직접 독서모임을 만드는 방법에 대해 이야기합니다. 독자 여러분도 이 책을 통해 삶의 에너지가 될 수 있는 좋은 책을 만나고 그것을 함께 나눌 수 있는 책친구들을 만드시기를 진심으로 바랍니다.

그리고 이 책을 빌어 우리 독서모임 '독서나무', 워킹맘 독서모임 '맘,쉼', 지금은 종료된 '달빛클럽', 온라인으로 만나는 '경제북클럽'과 고전독서모임 '고,독'의 회원들에게 진심 어린 감사의 인사를 전합니다.

# 제1장

# 독서모임이 가져다주는
# 삶의 가치

# 혼자 읽기 어려운 책은
## 함께 읽으면 좀 더 쉬워진다

———— 한번은 독서모임의 지정 도서가 수 클리볼드의 《나는 가해자의 엄마입니다》로 정해졌다. 이 책의 저자는 1999년 미국 콜럼바인 고등학교에서 일어난 총격 사건의 가해자 중 한 명인 딜런 클리볼드의 엄마다. 이 책은 우리나라에 2016년에 출간되었고, 당시 이 책의 출간 소식도 알고 있었다. 하지만 가해자의 엄마가 쓴 책을 왜 읽어야 하는지 이해가 가지 않았고, 솔직히 가해자의 엄마가 변명하는 책일 거라는 선입견이 있어 읽지 않았다. 몇 년의 시간이 흘러 SNS를 통해 한 엄마가 이 책을 추천하는 내용을 우연히 보게 되었다. '자식을 키우는 엄마라면 내 아이가 가해자가 될 수도 있다는 사실을 알아야 할 것'이라는 글이었다. 그 한 줄의 글이 내 생각을 완전히 바꾸어놓았다. 이 책

은 우리 '엄마 독서모임'에서 꼭 한 번 읽고 토론을 해보면 좋겠다는 생각이 들었고, 결과적으로 정말 열띤 토론을 끌어낸 책이 되었다.

혼자 읽기 주저되는 책이 독서모임 책으로 선정되면 회원들과 읽고 이야기를 나눌 생각에 좀 더 찬찬히 읽게 된다.

어려운 책, 벽돌책, 남들이 좋다고 칭찬하는 책이지만 선뜻 손이 가지 않는 책을 빨리 읽는 방법 중의 하나는 독서모임에서 함께 읽는 것이다. 책을 읽는 일이 즐거워지고, 읽을 때 느꼈던 감동을 나눌 사람이 있고, 그 감동을 나누는 일이 기대되는 것이 바로 독서모임의 장점이다.

읽기가 두려운 또 한 권의 책이 있다. 바로 416세월호참사 작가기록단이 쓴 《금요일엔 돌아오렴》이다. 이 책은 세월호 사건으로 자녀를 잃은 부모들이 쓴 책이다. 세월호 사건은 내게도 엄청난 트라우마를 남겼다. 교사인 남편이 그 사건이 일어난 날 수학여행지에서 돌아오는 길이었다. 세월호 속에 있던 학생과 교사가 내 가족이 될 수도 있었다는 생각에 큰 충격을 받았다. 그때 아이를 잃은 엄마의 마음으로 세월호 사건을 바라보게 되었고, 당시의 구조 시스템에 크게 분노했다. 이 책은 아직도 읽어보지 못했지만 독서모임에서 함께 읽고 의견을 나눌 것이다. 만약 나처럼 이 책을 읽고 싶지만 주저하는 사람이 있다면 독서모임의 책으로 선정해 함께 읽어보기를 권하고 싶다.

독서모임 회원 중에는 다양한 책을 읽고 싶어서 참여하는 사람도 있지만, 그냥 책을 읽고 싶어서 오는 사람도 많다. 자신의 독서를 독서모임에 맡기는 것이다. 한마디로 '독서의 외주화'다. 혼자서 읽다보면 게을러질 수 있지만, 독서모임에서 지정 도서가 나오면 의무감에서라도 그 책을 구해서 읽게 된다. 그리고 계속해서 책을 읽다보면 어느새 책 읽는 속도가 빨라지고, 책을 읽는 힘이 생긴다. 또한 자신의 관심사 밖의 다른 책도 읽게 되고, 읽는 책의 범위도 상당히 넓어진다.

다른 '외주화'보다 '독서의 외주화'가 좋은 점은 내 안에 책의 내용이 쌓인다는 것이다. 그것이 쌓이고 쌓이면 나뿐만 아니라 주위 사람들에게도 좋은 영향을 미치게 된다.

회원 중에는 독서모임에 참여한다고 하면 '네가 무슨 독서모임이야?'라는 반응을 보이는 가족이나 지인이 있다고 말하는 사람들이 있다. 그런 반응에 더 오래, 열심히 독서모임에 나올 거라는 오기를 보이기도 한다. 회원들 중에는 "아직도 독서모임에 가?"라는 말을 들으며 독서와 독서모임 전도사로 변한 사람들도 있다. 친구, 아내, 엄마가 독서모임에 간다고 하니 어떤 책을 읽고 어떤 이야기를 나누는지 매우 궁금해한다고 한다.

또한 독서모임을 통해 다양한 분야의 책을 폭넓게 접하게 된다. 소설이나 에세이만 많이 읽었던 사람들이 모임에서 지정해주는 인문, 자기계발 도서를 읽고 이렇게 말한다.

"내가 독서모임 아니면 언제 이런 책을 읽겠어요?"

나 또한 잘 읽지 않던 분야의 책을 독서모임을 통해 많이 알게 된다. 그래서 모임을 운영하기 전보다 훨씬 다양한 책을 알게 되었고, 읽는 책의 분야가 크게 확장되었다.

독서모임의 장점 중 하나는 독서모임을 주최하는 나 자신도 모임을 통해 많은 것을 얻게 되고, 회원들도 많은 것을 얻어간다며 만족하는 것이다. 삶의 선순환이란 이런 것이 아닐까 싶다.

"함께 가면 멀리 간다"는 말이 있다. 이 말은 독서모임을 한마디로 표현해주는 말이기도 하다.

# 다양한 책을 읽는 계기가 된다

내가 본격적으로 독서의 길로 들어서게 된 계기는 아이를 잘 키우기 위해서였다. 그래서 처음에는 아이를 잘 키워 낸 사람들의 이야기가 담긴 육아서를 열심히 읽었다. 그렇게 타인의 성공담에 관심을 두게 되었고, 그것이 꼬리를 물기 시작하면서 자기계발서로 연결되었다. 자기계발서를 접하면서 마치 신세계를 만난 느낌이었다. 마치 나만 나태하고 생각 없이 사는 것 같았다. 그리고 저자들이 말하는 대로만 하면 '나도 그 사람처럼 성공한 삶을 살 수 있지 않을까'라는 기대감이 생겼다. 늦었다고 생각하니 마음이 매우 조급해졌다. 빨리 많은 책을 읽고 내 것으로 만들어서 나도 저자들처럼 성공을 맛보고 싶다는 생각에 읽고 또 읽었다. 서점에서 책을 구입하거나 도서관에서 열심히 빌리다보니 다음에 읽을 책이 떨어지는 일이 없었다. 읽고 있는 책에서 인용한 책이나 책의 뒷날개에 소개된 책을 찾아서 부지런히 읽었다. 꼬리에 꼬리를 무는 독서였지만, 이런 방법은 장르가 한정되었다. 자기계발서에서 벗어나지 못하고 있었다.

소설이나 문학을 많이 읽는 사람도 있다. 문학의 매력에 빠지면 문학 장르의 꼬리에 꼬리를 무는 독서를 할 것이다. 독서모임 회원 중에서도 편독을 발견할 수 있다. 문학과 소설만 좋아하고 읽는 사람, 에세이를 좋아하는 사람, 자녀 교육서를 주로 보는 사람, 자기계발서만 읽는 사람 등등 다양하다.

독서모임을 시작하면서 내가 읽고 좋았던 책 위주로 도서를 선정했다. 그러다보니 주로 자기계발서가 선정되었다. 회원 중에는 힘들었던 사람도 있을 것이다. 소설이나 에세이 류의 책을 좋아하는 사람도 많기 때문이다. 그런 마음을 이해하지 못하고 모임 초기에는 내가 좋아하는 책 위주로 정하는 실수를 범했다. 모임을 운영하며 모임의 발전을 위해 다양한 장르로 수정해야 한다는 생각이 들었고, 점차 분야별로 다양하게 책을 선정하기 시작했다.

나는 '슬기로운 00생활', '펜트하우스', '나의 아저씨' 등 유명한 드라마도 제목만 알고 있다. 한번 보기 시작하면 다음 내용이 궁금해져 끝까지 봐야 하는 것이 시간이 아까워 그 시간에 책을 읽는다. 드라마를 보면서 공감하고 마음의 치유를 받기도 하지만, 그 시간에 맞춰서 시간을 내는 것이 쉽지 않다. 그래서 드라마를 본 사람들에게 줄거리를 전해 듣거나 인터넷 기사로 대략의 내용을 파악하기만 한다. 그렇게 해도 드라마를 본 사람들과 이야기하는 데 큰 지장이 없다. 내게 소설은 마치 드라마와 같았다. 한번 잡으면 놓지 못하는 책, 오락의 느낌이 강한 책이라 생각했다. 그래서 현대소설이든 고전소설이든 소설은 줄거리만 알고 있으면 된다고 생각했다.

그런데 나로 하여금 고전에 대한 편견을 깨도록 한 책이 있다. 바로 헤르만 헤세의 《데미안》이다. 독서모임을 시작한 지 2년이 지난 시점이었다. 이전에도 독서모임에서 소설을 읽기는 했지만 대부분 근간의 현대소설이었다. 이 책을 읽기 전까지 고전문학에 대한 두려움이 있었는데 고전은 어렵고, 이해하기 힘들다고 생각했다.

한 회원의 추천으로 《데미안》을 선정도서로 정했고, 토론을 위해 열심히 읽었다. 워낙 유명한 고전이어서 다양한 출판사의 번역서가 많이 있었다. 내가 산 책보다 좀 더 쉽게 번역된 책을 회원에게 선물 받아 두 권을 함께 읽었다. 완벽한 해석이나 이해는 아직도 쉽지 않지만 《데미안》을 읽은 후로는 고전에 대한 편견이 깨졌다.

고전은 줄거리만 안다고 그 책을 아는 것이 아니었다. 고전의 가치는 옛날이나 오늘날이나 사람 사는 모습은 크게 변함이 없기에 고전에서 지금 살아가는 방향을 깨달을 수 있다는 데 있다. 《데미안》을 계기로 《달과 6펜스》, 《수레바퀴 아래서》, 《1984》, 《호밀밭의 파수꾼》, 《싯다르타》 등을 연달아 찾아서 읽고 음미했다. 한번 고전소설의 세계에 빠지니 계속 다른 작품을 찾아서 읽게 되는 매력이 있다.

나와는 반대로 독서모임에 들어오기 전에는 소설만 읽었던 회원들도 있다. 그분들은 책을 오락의 개념으로만 읽었다고 한다. 자녀들에게 책 좀 읽으라고 말하기 위해 책을 읽는 모습을 보여주며 쉽게 읽을 수 있는 소설을 읽었다고 한다. 그러나 내심 재미난 이야기책만 골라 읽는 것이 아이들에게도 미안하고 스스로 뭔가 방향이 틀렸다는 생각을 많이 했다고 한다. 그래서 독서모임에 들어와 다양한 분야의 책을 읽고 의견을 나누면서 이제는 독서다운 독서를 한다는 느낌이 들어 좋다고 한다. 또한 아이들에게도 떳떳한 독서인이 된 것 같아 기쁘다고 말한다.

# 수많은 생각들을
# 직접 만나게 된다

───────── 영화를 보고 나면 여러 가지 궁금증이 생긴다. 가령 〈부산행〉을 보고 나서 여러 가지가 궁금했다. '다른 인물들은 바이러스에 감염되면 곧바로 큰 동작으로 몸이 꺾이며 좀비로 변하는데, 주인공은 왜 천천히 진행되지?', '영화 마지막에 남은 인물들은 가족을 찾았을까?', '아파트 고층에 있는 사람들은 밖에 나오지 않으면 바이러스에 감염되지 않을 텐데, 그렇게 살아남은 사람들은 구조가 될까?', '이 영화의 감독은 무엇을 말하고 싶은 걸까?' 등등.

그래서 영화를 보고 나면 항상 후기를 찾아본다. 같이 본 친구나 남편, 아이들과도 한참 토론을 한다. '그 주인공이 그때 이렇게 말한 건 어떤 의미일까?', '000은 어떻게 되었을까?', '마무리가 그게 아니었다면 어땠을까?' 등등.

그런데 혼자 책을 읽고 나면 영화처럼 여러 가지 궁금증이 생겼다. 내 생각은 이런데 다른 사람은 나와 같은지 다른지 궁금했다. 그래서 영화를 보고 후기를 찾듯이 책을 읽고 나서도 후기를 찾아보았다. 나와 같은 생각의 내용을 찾으면 '나만 그런 게 아니었구나' 하고 왠지 기뻤고, 다른 생각의 내용을 보면 '아, 그렇게 생각할 수도 있겠구나'라고 새로운 지식을 얻는 느낌이었다.

그래서 책을 읽고 내 생각을 블로그에 쓰기 시작했다. 처음에는 단순히 내가 읽은 책을 정리하는 용도였다. 도서관에서 빌렸던 책을 처음 읽는 책이라며 의심 없이 빌려와서는 읽는 내내 '아무래도 한 번 읽었던 것 같아'라고 느낄 때도 있었기 때문이다. 다 읽은 책을 블로그에 기록해두면 일부러 한 번 더 찾지 않는 이상 모르고 빌리는 경우는 생기지 않을 것이다. 처음에는 3줄, 5줄로 짧게 기록했고, 책 검색어가 늘어남에 따라 이웃이 하나둘 늘어났다. 블로그 내용이 책 내용이 대부분이어서 이웃들도 대부분 책을 좋아하는 사람이었다. 그들의 책 후기가 올라오면 읽어보고 나도 읽은 책이면 공감하거나 '그럴 수도 있겠네'라고 다르게 생각해보는 기회가 되었다.

내가 읽고 기록을 남기는 일은 나 같은 누군가에게 도움이 될거라고 생각해 블로그에 독서후기를 꾸준히 올렸다. 책을 읽고 후기를 올리는 일은 불특정 다수에게 알게 모르게 영향을 주게 된다. 고전이 된 생텍쥐페리의 《어린 왕자》 후기는 언제나 조회 수가 높다. 사회 분야의 책은 사회적 이슈가 있을 때마다 조회 수가 올라간다. 궁금해서 찾아본 것인지 사회 분위기에 이끌려 들어와 본 것인지 정확히 알 수는 없지만, 내가 써놓은 글이 시간이 지나도 누군가가 본다는 사실은 어떤 면에서든 도움을 주는 일이라고 생각한다.

독서모임은 책 후기에 대한 살아 있는 이야기의 현장이다. 2주간 한 권의 책을 읽고 모임을 하는데, 모임을 위해 미리 할 이야기를 적어오는 회원이 많다. 꼭 나누고 싶은 이야기, 의문점이 있는 부분도 체크해볼 부분이다. 한 명씩 돌아가면서 이야기를 하는데, 책에 대한 생생한 이야기가 오간다. 때로는 내가 책의 주인공이 되기도 하고, 작가가 되기도 한다. 주인공이 되어서는 작품 속 전개를 바꿔보기도 하고, 작가가 되어서는 인물의 비중을 달리 바꿔보기도 한다.

한번은 아이들의 독서토론을 진행한 적이 있다. 접근하기 쉽도록 누구나 다 아는 전래동화를 읽고 토론을 했다. 당시 5, 6학년의 아이들을 맡았다. 아이들과의 독서토론이 처음이어서 매우 긴장을 했다. 결과는 아이들과의 독서토론이 그렇게 재미있는 줄 미처 몰랐을 정도로 대성공이었다. 《알리바바와 40인의 도둑》을 읽은 아이들은 여러 가지 토론 거리를 발표했다. '대문에 X 표시가 되어 있는 걸 왜 아무도 의심하지 않았어요?', '이야기의 마지막에 똑똑한 시녀와 알리바바의 조카를 결혼시켰다고 했는데, 과연 그 둘에게는 만족할 만한 결혼이었을까요?', '그 많은 도둑을 과연 혼자서 죽일 수 있었을까요?' 등등. 아이들에게서 그런 이야기가 나올 거라고는 전혀 생각하지 못했다. 아이들의 이야기를 들으며 '나는 왜 그런 생각을 못 했을까, 왜 이야기에 의문을 가져보지 않았을까?'라고 반성이 될 정도였다.

아이들의 독서토론은 어떤 면에서는 어른들의 독서토론보다 훨씬 더 나은 모습을 보여주었다. 게다가 아이들은 책과 더불어 자신의 이야기도 들려주었다. 5, 6학년을 만나 아이들의 입을 열기가 힘들겠다고 생각한 것은 큰 오판이었다. 책을 매개로 이야기를 시작하니 쉽게 가까워졌고, 아이들과 큰 교감을 나눌 수 있었다. 독서모임을 통해 책으로 이야기를 나누면 나이, 성별을 불문하고 누구와도 토론을 할 수 있으며 친해질 수 있는 것이 큰 장점 중의 하나다.

독서모임은 혼자 참석하는 사람의 비율이 매우 높다. 모르는 사람들 속에 혼자 들어가기가 쉬운 일은 아니다. 주변에 책 좋아하는 사람을 찾기 힘들 수도 있고, 책을 읽는다고 말하면 '네가 무슨 책이야'라고 말하는 주변인도 있다고 한다. 그래서 그런지 대부분 혼자 용기를 내어 독서모임에 참여한다. '1인 가구'와 '비혼'의 비율이 갈수록 높아짐에 따라 혼자서 무엇을 하는 경우가 늘어나고 있다. 예전에는 혼자 밥을 먹거나 혼자 영화를 보거나 혼자 다니는 것을 이상하게 보는 분위기여서 혼자 무엇을 하려면 큰 용기가 필요했다. 지금은 혼자서 무엇을 하는 것이 하나의 유행처럼 번져나가고 있다. 그런 면에서 독서모임은 혼자 하기에 적합한 취미활동 중의 하나라 할 수 있다.

모임에 혼자 오는 분들은 처음에는 조용히 다른 사람들의 이야기를 듣기만 한다. 처음부터 발표를 잘하는 사람도 있지만, 그런 분은 사실 드물다. 그러나 조용히 다른 사람들의 이야기를 듣는 것도 모임에서 얻은 큰 소득이라고 말한다. 혼자 읽던 책을 다른 사람들의 입으로 듣게 되면서 한 번 더 읽게 되는 효과도 있다고 한다. 모임의 인원만큼 나오는 생각은 한 권의 책을 여러 시선으로 읽는 것과 같다. 다시 말해 다른 사람의 생각을 듣는 것은 책을 다시 읽는 것과 같은 효과가 있다. 독서는 혼자 할 수 있는 일이지만, 독서모임은 함께해야 가능한 일이다. 혼자 책을 읽고 온라인 서평 후기들을 보면서 나와 비슷한 생각을 가진 것에 고개를 끄덕이고 다른 생각에 '아, 저럴 수도 있겠구나'라고 생각했던 것과는 차원이 다른 일이었다.

나이나 성별과 관계없이 책을 읽고 나누면 내 생각과 다른 생각과 만날 수 있고, 그런 생각들과 조화를 이루는 법을 배우게 된다. 이는 독서모임의 가장 큰 매력 중의 하나다.

# 소모적인 수다가 아니라
유익한 수다를 떨 수 있다

———— 지금 사는 동네로 이사 온 지 10년이 넘었다. 처음
이사 왔을 때 큰아이는 세 살이었고, 둘째는 생후 두 달이었다.
당시 이곳에서 아는 사람이 하나도 없었던 관계로 아이와 있는
하루가 정말 길게 느껴졌다. 새로운 사람들을 사귀고 싶은 마음
에 맘카페를 가입하기도 했는데, 책을 좋아하기에 책을 좋아하는
사람들을 찾아보기로 했다. 그래서 책 모임을 시작했다.

우리 동네는 두 곳의 지역구가 만나는 곳이어서 접근성이 좋
아 우리 동네를 모임 장소로 잡았다. 독서모임을 시작하고 동네
책친구가 생겼다. 동네 엄마들과의 관계는 아이들 이야기라는 주
제에 한정되는 경우가 대부분이지만, 책 모임은 책으로 서로 의
견을 교환하고 나를 성장시킬 수 있는 사람들과의 모임이어서

왠지 뿌듯했다.

이사 오고 나서 처음에는 동네에 아는 사람도 별로 없었지만, 아는 사람 중에 책 모임 회원을 찾는 것도 어려웠다. 그런 점에서 온라인은 매우 좋은 도구다. 맘까페와 내 블로그에 모임 시작을 알리며 모임 인원을 모집했다. 모집된 회원들은 사는 곳도 각기 다르고 초면이었지만, 책이라는 주제로 모일 수 있었다. 맘까페에 모집 글을 올린 날, 가입만 하고 찾지 않던 맘카페에 오랜만에 들어와 내 글을 읽고 연락을 한 분이 몇 명이나 있었다. 모두 그동안 혼자서 책을 읽고 있었고, 책을 통해 외로움과 힘든 개인 상황을 이겨내려고 하는 사람들이었다. 책은 어려움을 헤쳐나가도록 중심을 잡아주는 길잡이가 되어주었고, 책 수다를 통해 우리는 큰 치유를 받았다. 한 회원은 혼자서 책을 읽고 있었는데, 아는 동생이 자신이 속해 있는 독서모임에 와보라고 권유해서 오게 되었다. 모여서 이야기를 나누다보니 모임을 원하는 사람들의 에너지가 우리를 독서모임으로 이끈 듯한 느낌이었다.

독서모임 회원이 모이고, 모임을 이끌면서 자연스레 말을 많이 해야 했다. 내가 만든 모임이니 만큼 나서서 이야기할 수밖에 없었다. 반면 처음 참석한 회원들은 말을 시작하기가 무척 어려웠다고 한다. 회원들은 모임 전날 가족 앞에서 책 모임에서 할 이야기를 연습하기도 하고, 다 읽은 책을 두세 번 더 읽고 오기도 했다고 한다. 회원들이 모임에 점차 익숙해지자 내가 할 일은 회원들과 책 수다를 즐기는 일이 주가 되었다. 회원들 간에 서로 이야기도 알아서 나눠서 하고, 책 정리도 워낙 꼼꼼하게 잘해서 점차 내가 할 일은 모임 날짜와 다음 읽을 책을 정하는 일이 되었다. 모임이 활성화되기 시작하면 회원들 간에 교류가 원활히 진행되어 모임 주최자의 역할은 단순해진다. 사실 이상적인 모임은 주최자는 중재 역할에 머무르고 회원들이 활발히 모임을 이끌어 가는 것이다.

책은 커피와 궁합이 매우 잘 맞는다. 책을 좋아하는 사람은 대부분 커피를 매우 좋아한다. 우리 독서모임은 모임 장소로 카페를 선호한다. 모임 날에는 책을 들고 카페에 모여 다들 커피 한잔을 주문하고 책과 노트를 펴고 이야기를 나눈다.

지정 도서는 한 권이지만 책 수다와 의견은 매우 다양하다. 같은 책을 읽고도 어떻게 그렇게 다양한 시각과 의견이 나올 수 있는지 듣는 것만으로도 재미있다. 시간을 정해놓지 않으면 토론은 무제한으로 이어질 수 있을 것이다. 그래서 모임을 마치고 나면 마음이 풍족해지는 기분이다. 모임과 책 수다 거기에 향기로운 커피까지, 이 세 가지만 있으면 그곳이 바로 낙원이다.

# 함께하며
# 치유를 얻는다

———————— 집에서 걸어서 10분 정도의 거리에 도서관이 있어 도서관을 다녔다. 열심히 책을 빌려 읽었고, 매달 발행되는 도서관 소식지를 보며 도서관에서 하는 행사를 빠짐없이 확인했다. 아이들을 위한 마술쇼나 인형극 같은 문화행사가 있으면 재빨리 신청했다. 책을 읽듯 소식지를 꼼꼼하게 확인했다. 도서관에서 진행되는 많은 행사 중에서도 눈에 띄는 것이 있었다. 매 학기가 시작되면 모집하는 '독서회'로, 나이와 직종별로 하는 독서모임이었다.

도서관에 갈 때마다 독서회가 눈에 들어왔다. 인터넷을 검색해보니 많은 독서모임이 있었다. 맘카페에도 검색을 해보니 엄마들만 모이는 독서모임도 있었다. 엄마들의 독서모임이 꽤 있는 이유는 책을 읽으면 읽을수록 책친구가 필요한데 남편이나 친구를 붙잡고 "이 책이 이랬는데 이런 면이 정말 좋고, 이런 건 좀 아쉽더라"라고 의견을 나누기도 쉽지 않고, 책을 읽고 함께 이야기를 나눌 사람이 필요하기 때문이다.

도서관에서 진행하는 독서회에 대해 검색을 해보니 구체적인 내용은 알 수 없었다. 인터넷에 올라온 후기도 없었다. 아마도 도서관 모임에 오는 분들은 나이가 많은 분들이어서 그런 듯했다. 다시 젊은 엄마들이 모이는 맘카페에서 검색해보니 3~4곳이 나왔다. 이미 모집이 끝났거나, 집에서 먼 곳이었다. 버스를 타고 40~50분씩 걸리는 곳에서 독서모임을 하면 총 4시간 정도를 모임에 쓰는 셈이어서 초등학교 저학년이던 아이가 올 시간과 겹쳐 제외했다. 내가 원하는 독서모임의 기준은 이러했다. ①집에서 가까운 곳 ②이동시간 포함 소요 시간은 총 3시간 이내 ③비용은 부담 없이 ④독서 수준이 나와 맞는 곳 ⑤지정 도서가 읽고 싶을 것.

특히 ④번과 ⑤번이 문제가 되었다. 나와 독서 수준이 맞지 않으면 모임에 오래 참여하기 힘들고, 누가 정해주는 책이 읽기 싫으면 흥미가 떨어질 것이다. 그렇다면 결론은 내가 독서모임을 만드는 것이었다. 그래서 독서모임을 만들기로 결심했다.

나는 아이를 키우는 입장이어서 서로 관심사가 비슷할 만한 '엄마'로 타깃을 한정했다. 그래야 읽고 싶은 교육서도 읽고 나눌 수 있고, 엄마끼리 통하는 게 있을 거란 생각이었다. 거기에 평일 오전 모임에 나올 수 있는 엄마들이면 더 좋겠다고 생각했다. 장소는 우리 동네, 시간은 오전 시간으로 했다. 마침 우리 동네 근처에는 검색되는 독서모임이 없었다. 도서는 내가 읽었던 책 중에서 좋은 책으로 정했고, 이미 읽었던 책들이어서 큰 부담이 없었다.

독서모임의 리더가 되는 것은 사실 어렵지 않았다. 모임을 만들고 사람을 모으면 되는 일이었다. 그러나 노하우가 필요했기 때문에 나보다 먼저 독서모임을 운영하는 분께 조언을 구했다. 당시에는 이름만 알고 지내는 블로그 이웃이었는데 무작정 조언을 구했고, 많은 도움을 얻었다. 덕분에 모임 개설에 힘을 얻고 용기를 냈다. 알고 지내던 지인 몇 명과 모임 공지를 올린 맘카페에서 보고 온 몇 명으로 모임이 꾸려졌다. 첫 모임 날 아무도 안 오면 어쩌나 하는 걱정을 가득 안고 일찍 모임 장소로 갔다. 원래 아는 사람이 있는데도 모임을 진행하려니 매우 긴장되어 일상적인 만남과는 확실히 차이가 있었다.

첫 모임이 끝나고 좋은 시간이었다는 후기가 올라왔다. 첫 모임에서는 단순히 왜 모임에 나오게 됐는지, 어떤 책을 읽을지 이야기를 나눴다. 다음 번 모임에서는 모임 이름을 짓기로 했다. 무언가 같이 만들어간다는 느낌에 연대의식이 느껴졌다. 책을 읽는 행위는 혼자 하는 일이지만 책을 나누는 것은 같이하는 일이다. 처음 해보는 모임이어서 함께 만들어가는 느낌이었다. 독서모임이 단지 책을 읽고 나누는 시간이 아니라 삶의 한 페이지를 함께 꾸려간다는 생각이 들었다.

다이어리에 '엄마 독서모임' 계획을 쓰고 나서 약 8개월 뒤 그것이 현실로 이루어졌다. 첫 독서모임을 시작하고 6개월 뒤에는 2개의 모임을 더 시작해서 총 3개의 모임을 운영하게 되었다. '독서모임을 하면 어떨까?'라는 생각으로 노트에 적고 8개월간은 '내가 무슨 리더를 하겠어?'라는 생각과 '그냥 지금처럼 혼자 잘 읽고 블로그에 후기를 남기면 되지'라는 생각이 앞섰다. 그러면서 적어놓은 노트를 펼쳐보고 다시 덮고를 반복했다. 주저하고 고민하는 시간이었다. 그러나 한편으로는 같이 읽고 나누는 일이 너무 궁금했다.

모임을 만들고 나서 느낀 것은 모임을 만들기까지는 사실 용기가 필요하다. 사람을 모으고 모은 뒤에 일을 진행하는 것에는 의지와 용기가 필요하다. 그러나 일단 모임이 시작되면 회원들에 의해 움직여가는 자생력이 생기고, 함께 모여 책 이야기와 세상 사는 이야기를 나누며 큰 기쁨과 치유를 얻게 된다. 그러면 하기를 잘했다는 뿌듯함이 더 앞서게 된다. 만약 책을 읽고 누군가와 의견을 나누고 타인들의 생각을 알고 싶다면 독서모임을 만들어 보자. 처음 한 걸음을 내딛기는 어렵지만 걸음을 내딛어 모임을 만들고 사람들이 모이면 함께 만들어 나가며 보람과 기쁨, 치유를 얻게 된다.

제2장

독서모임,
어떻게 만들고 꾸려나가면 될까?

# 관심사를 중심으로
# 명확한 콘셉트가 필요하다

독서모임을 시작하려고 하니 정리해야 할 사항들이 많았다. '어떤 사람을 대상으로 할 것인지, 몇 명을 모을 것인지, 어떻게 모집할지, 비용은 얼마로 하면 좋을지, 모임의 시간은 얼마가 적당한지, 책은 어떤 것을 정하면 좋을지, 모임을 운영하는 데 필요한 규칙은 뭐가 있을지, 모임을 어떻게 알리면 될지?' 등등이었다.

내가 하려는 독서모임의 콘셉트는 '엄마' 독서모임이었다. 모집 대상은 크게 엄마이고, 예비 엄마도 포함했다. 엄마의 삶을 살면서 책을 읽고 싶은 사람을 모으기로 했다. 엄마로 사는 삶과 엄마가 아닌 '나'를 찾는 이야기도 나누고 싶었기 때문이다. 대부분 아이를 둔 엄마들이 많은 관심을 보였고, 임신한 예비 엄마도 몇 명 있었다. 처음 모임을 시작할 때 적당한 인원은 나를 포함해 6명 정도라고 생각했다. 인원이 너무 많으면 통제가 어려울 수도 있기 때문이다. 서로 적응이 안 된 상황에서 사람이 너무 적으면 말이 끊기기 쉬워서 리더 혼자 이야기하다 끝날 수도 있다. 리더를 제외한 4~5명 정도가 모임을 꾸리기에는 적당한 인원이라고 생각했다.

그래서 5명 모집을 목표로 잡았다. 모임 인원은 '엄마'를 대상으로 했기 때문에 맘카페를 이용하기로 했다. 모집 공고를 올리자 조회 수는 많았지만, 막상 댓글을 달거나 연락하는 사람은 많지 않았다. 단순히 '엄마 독서모임 모집'이라고 하지 않고 '창원', '거제' 등 지역명을 넣으니 조회 수가 높았다. 지금은 맘카페에서 개인적인 광고 글을 올리지 못하도록 하는 곳이 많다. 광고비를 내야만 글을 올릴 수 있게 바뀌었다. 모임을 시작한 지 6개월 이후부터는 맘카페의 규정이 바뀌어 광고 글을 올리지 못하게 됐다. 처음에는 지인 세 명과 맘카페에서 온 한 명으로 모임을 시작했다. 추후 모집 때에는 블로그, 맘카페와 지역 카페를 이용해 여러 명이 참여하게 되었다.

비용은 카페에서 각자 음료비만 부담하는 것으로 정했다. 장소 대여비가 필요할 때는 그 비용을 따로 걷었다. 독서모임들마다 참가비는 천차만별인데, 참여자는 돈을 낸 만큼 얻어가는 것을 기대하기 마련이다. 나는 독서모임을 만든 목적이 책을 읽고 의견을 나누는 것에 있었기 때문에 개인 음료 비용 외에는 받지 않았다. 또 모임을 처음 시작했을 때 사람들이 참여해주는 것만으로도 그저 감사했다. 그 외에는 필요한 사항이 있을 때마다 각자 비용을 나눠서 부담했다.

코로나가 유행하면서 오프라인 모임을 진행하기가 쉽지 않아 온라인 독서모임을 시작했다. 그리고 코로나 사태 이후로는 온라인 독서모임이 매우 활성화되고 있다. 온라인 독서모임의 경우에는 줌(화상 회의 서비스) 이용비와 운영비를 포함한 비용을 따로 받고 있다. 참여자가 부담되지 않게 리더의 수고에 맞는 비용을 정하기가 사실 쉽지는 않은 일이어서 항상 고민이 되는 부분이다.

독서모임의 진행 시간은 2시간으로 정했다. 모임 인원이 적으면 1시간 반 정도만 해도 충분히 의견을 나눌 수 있다. 모임의 시간을 최대 2시간을 넘지 않도록 하는 것이 집중도도 높고, 참여 시간에 대한 부담감이 없다. 2시간을 기준으로 어떻게 시간을 쓸 것인지 예상 시간을 적어두는 것이 좋다. 온라인 모임을 할 때는 모임 시작을 알리며 운영시간을 안내한다.

진행하고 있는 온라인 경제 독서모임을 예로 들면 이렇다. 서로 인사 나누기에 5분, 경제신문을 읽고 의견 나누기 20분, 본문 내용 나누기 60분, 마무리 10분, 다음 모임 예고 등 공지에 5분 등이다. 모임원들에게 시간을 미리 공지하면 모임원들도 책 본문의 각 장당 얼마의 시간이 걸리는지 예상을 하고 그 시간에 집중하는 효과가 있다.

독서모임에서 가장 중요한 사항은 바로 책 선정이다. 어떤 책을 읽고 서로의 생각을 나누는지가 독서모임의 핵심이기 때문이다. 모임을 처음 시작할 때 권하는 책 중의 하나가 《독서 천재가 된 홍대리》다. 이 책은 독서를 시작하려고 오는 사람, 독서모임에 참여하면서 새롭게 마음을 다잡는 사람이 읽기 좋은 책으로, 한 번도 실패한 적이 없어서 지금도 독서를 시작하고 싶어 하는 분들께 권하고 있다. 책 선정에 대한 자세한 내용은 뒤에서 이야기 해보겠다.

독서모임을 만들 때 운영규칙을 처음부터 만들어 놓지는 않았다. 모임을 하면서 자연스레 규칙이 생겼다. 책은 최대한 읽어오되 다 못 읽어도 2/3 정도는 읽기, 돈 거래는 절대 하지 않기, 발언 시간 지키기, 사담 자제하기, 불참 시 미리 연락하기 등이다. 이것은 사람이 모이면 서로 최소한으로 지켜야 할 기본적인 사항들이다. 몇 회 불참 시 탈퇴시키기 등은 넣지 않았다. 모두 책이 좋아서 오는 분들이고, 엄마들은 항상 어떤 변수가 일어날지 예측하기 어렵기 때문이다. 평소 잘 놀던 아이가 모임 시간 직전에 갑자기 아플 수도 있고, 아이를 봐주기로 한 남편이 일이 생겨서 모임에 나오지 못하는 엄마들도 있다. 그런 이유를 단순히 불참이라고 해서 탈퇴의 조건으로 만들 수는 없었다. 그러나 이것도 독서모임마다 규율이 달라서 자신이 속한 모임의 규율에 따라야 한다.

독서모임의 홍보는 온라인을 최대한 활용했다. 코로나 이전이나 이후 온라인을 이용해 모집을 하고 있다. 북카페에서 독서모임을 할 때는 그곳의 게시판을 이용해 홍보를 할 수도 있다. 모임 장소가 일정하다면 그러한 홍보도 효과가 있다. 북카페나 공간을 대여하는 곳의 게시판을 보면 모임을 홍보하는 홍보물들이 빽빽하게 붙어 있는 모습을 볼 수 있다. 온라인은 주로 개인 SNS를 이용하고 있다. 블로그, 인스타그램 등에서 홍보하면서 다른 사람들에게 글 공유를 부탁하는 것도 좋다. 최대한 많은 사람에게 노출되어야 하고, 어디서 누가 함께할지 모를 일이기 때문이다.

정현종 시인의 〈방문객〉이라는 시 중에 이런 구절이 있다. "사람이 온다는 것은 실은 어마어마한 일이다."

그의 시처럼 사람을 모은다는 것은 결코 가벼운 일이 아니다. 독서모임도 마찬가지다. 책을 좋아하는 사람을 모으는 것이 단순한 일처럼 보이지만, 좋은 모임을 만들고 그것을 지속해 나가기 위해서는 세세하게 많은 것들을 신경 쓰고 준비해야 한다.

# 관심 있는 한 명만 있어도
# 시작할 수 있다

모임을 만드는 리더 외에 한 명만 있어도 독서모임은 만들 수 있다. 두 명이든, 세 명이든 책을 읽고 나누는 모임이라면 독서모임이기 때문이다. 독서모임에 참여해본 경험이 없는 내가 다섯 개씩이나 모임을 만들 수 있었던 것은 믿을 만한 한 사람이 있었기 때문이다.

한번은 아이의 학교 참관수업에 참석했다. 방과 후 활동에 매일 참여하던 아이가 일주일간의 참관수업에 엄마가 계속 참석했으면 좋겠다고 해서 참여했지만, 점차 지루해졌다. 아이들이 수업하는 모습을 한 시간 동안 보고만 있자니 그것 또한 힘든 일이었다. 그러나 책을 읽을 수도 없고 다른 것을 할 수도 없는 분위기였다.

한번은 수업이 시작되고 제일 늦게 도착했다. 출입구 쪽에 있는 참관석에 앉게 되어 자연스레 바로 옆자리에 앉아 있던 학부모 엄마와 인사를 나누었다. 당시 첫 번째 책을 출간한 지 몇 달 되지 않았을 때였는데 그 엄마가 내가 처음 했던 저자강연회를 지인의 SNS에서 봤다고 말했다. 간단히 이야기를 나누던 중 그 엄마가 "혹시 독서모임 같은 건 하세요? 하게 되면 나도 불러줄래요?"라고 말했다. 대화를 나누면서 지난 8개월간 생각만 하고 있던 계획을 드디어 실행할 때가 되었다는 생각이 들었다. 그렇게 지인 엄마를 포함해 첫 모임에 5명이 모였다.

서툴지만 열정이 가득했던 독서모임은 지속되었다. 6개월이 지나면서 한 명이 빠지게 되었고, 2차 모집을 했다. 맘카페와 내 블로그를 통해 모집 글을 열심히 올렸고, 두 명이 맘카페를 보고 참여했다. 그러던 중 블로그에 이런 글이 달렸다. '워킹맘이라 주말밖에 안 되는데, 평일 오전이라 너무 아쉽네요. 혹시 주말에 하실 계획은 없으신가요?'

사실 계획은 없었지만 나도 언젠가 재취업을 하면 워킹맘이 될 텐데 그냥 지나치기에는 마음이 걸렸고, 독서모임을 하고 싶다고 하니 그 마음이 충분히 이해가 되었다. 그래서 문의를 한 그분과 이야기를 나누었다. 그분이 사는 곳은 우리집에서 30분 정도 걸리는 지역이었고, 아이도 있어서 혼자서는 움직이기가 힘들다고 했다. 그분이 사는 곳은 마침 친정집이 있는 아파트였고, 책친구를 한 명 더 만들고 싶은 마음이 앞서서 그분의 집에서 두 명으로 모임을 시작했다. 몇 달 후, 그분이 이사한 새로운 동네에서 본격적으로 회원을 모집했다. 지역 카페와 내 블로그를 통해 모집글을 올렸는데, 시간이 주말 오전이어서 그런지 오는 분들이 모두 워킹맘이었다. 그렇게 해서 지금까지 충원된 회원들과 함께 '주말 워킹맘 독서모임'을 이어가고 있다.

　독서모임을 시작하고 나서 SNS에 열심히 홍보를 하다 보니 내가 독서모임을 운영한다는 소식이 점차 퍼져나갔다. 블로그에 빠지지 않고 독서모임 후기를 올리고, 독서모임 인원 모집 소식을 올리니 이것이 바이러스 마케팅 역할을 했다. 그 덕분에 내 소식을 알던 선배에게서 연락이 왔다. "나도 여기서 독서모임을 하고 싶은데, 내가 할 수 있어야 말이지. 네가 와서 모임을 이끌어주면 안 될까? 사람 모으는 건 내가 해볼게."

　선배가 있는 곳은 한 시간 20분을 가야 하는 지역이었다. 왕복하는 데 2시간 40분이 걸리고, 모임 2시간을 더하면 거의 5시간을 할애해야 한다. 그런데 평일 저녁에 그렇게 해야 하니 독서모임을 만들고 운영하는 기법만 알려주고 빠질 생각이었다. 선배는 그 지역 카페와 맘카페에 모집 글을 올렸고, 나는 블로그에 모집 글을 올렸는데 생각보다 빠르게 인원이 모집되었다. 특이한 점은 회원들이 젊은 엄마들이었다. 모두 남편 직장 때문에 타지로 온 사람들이었다. 기존에 운영하는 팀과는 또 다른 색깔이었다. 새로운 사람들에게서 또 다른 매력을 느껴 몇 번만 가고 발을 빼려고 했던 나는 그 독서모임에 한 달에 두 번씩 2년을 꼬박 다니고 모임을 마무리했다.

온라인 모임도 마찬가지다. 매달 신청을 받기 때문에 매번 새로운 분들과 팀을 꾸리게 된다. 기존의 독서모임과는 다르지만, 이곳에서도 매달 새로운 지지자가 나타난다. 참석 인원 모집이 잘 안 되거나 뭐가 문제인지 몰라 고민할 때는 또 다른 지지자가 나타나 모임을 지속하게 해준다. 책을 좋아하는 사람들의 유대감은 정말 끈끈하다는 것을 실감한다.

첫 번째, 두 번째, 세 번째 그리고 온라인 모임까지 내게는 단 한 명의 지지자가 있었다. 그 한 명으로 인해서 지금까지 모임이 지속될 수 있었고, 몇 년 동안 행복한 모임을 하고 있다. 모임의 첫 번째 회원이자 내게는 든든한 단 한 사람이 없었다면 독서모임의 시작이 한참 더 늦어졌을 거라고 생각한다. 또한 모집 때마다 적재적소에서 나타난 한 명 한 명의 책친구들은 모임을 지속하게 하는 커다란 원동력이자 힘이다.

단 한 명의 지지자로 시작한 모임으로 내가 만난 사람은 수없이 많다. '천 리 길도 한 걸음부터'라는 속담은 독서모임을 만드는 데 있어서도 꼭 맞는 말이다. 독서모임도 한 사람의 지지자가 있으면 시작할 수 있다.

만약 독서모임을 만들고 싶다면 먼저 믿음 가는 단 한 사람을 회원으로 만들어보자. 안 되면 절친이라도 설득해 시작해보자.

# 어떤 도서를
# 선정하는 것이 좋을까?

독서모임의 목적은 '책을 읽고 나누는 일'이다. 책은 모임의 중심이 되고 모임의 색깔을 만들어주기도 한다. 독서모임의 8할은 책이 차지한다고 할 수 있다. 이렇게 중심이 되는 책을 어떻게 선정할지는 가장 고민해야 할 부분이다. 책을 선정하는 기준을 가지고 있으면 좋다. 리더가 읽은 책, 베스트셀러, 회원 추천 도서 등을 한번 비교해보자.

리더가 읽은 책은 모임의 리더가 그 책이 어떤 내용인지 알기 때문에 장단점과 특징을 파악하기 쉽다. 베스트셀러는 당시 유명한 책이지만 무조건 다 좋은 것은 아니다. 책에 따라 수준이 천차만별이다. 단, 트렌드에 발 빠른 책을 읽어야 할 때 도움이 된다. 회원 추천 도서는 추천해준 사람의 성향이 크게 작용한다. 지극히 개인 성향이면 모임에서 읽기 힘들 수도 있다. 그렇다면 어떤 기준을 갖고 책을 선정하는 것이 좋을까?

도서를 선정하는 기준은 크게 네 가지로 나눌 수 있다.

첫째, 토론이 다양하게 나올 수 있는가?

책의 내용이 너무 방대하거나 쉬울 경우 토론거리가 없을 수도 있다. 그런 책은 개인적으로 읽기를 권한다. 주제가 명확하며 생각할 거리가 많은 책이 토론하기 좋다. 그림책의 경우 얇지만 이야깃거리가 많아 선정하기도 한다.

둘째, 회원에게 도움이 되는 책인가?

'엄마 독서모임'을 예로 들면 엄마의 삶, 여성의 삶, 아이 교육, 육아 방법, 자기 일을 찾고 유지하는 방법 등과 관련된 책이 많다. 회원 특성에 맞게 책을 선정하면 흥미를 쉽게 이끌어낼 수 있다.

셋째, 다양한 분야인가?

분기별로 책을 선정한다. 한 분기당 3권의 책을 선정하는데, 각기 다른 분야의 책을 선정한다. 같은 분야의 책은 최대한 다음 분기로 떨어뜨려 놓고, 다양한 책을 선정하려 노력한다. 독서모임에서 평소 읽지 않는 분야의 책을 만나는 것도 큰 즐거움이 될 수 있다. 그렇게 좋은 책을 만날 기회를 열어두는 것이다.

넷째, 구하기 쉬운 책인가?

매번 책을 살 수는 없다. 소장하고 싶은 책과 읽고 싶은 책이 항상 같은 것은 아니다. 요즘은 도서관 시스템이 잘 되어 있어서 지역마다 작은 도서관을 포함해 책을 구할 수 있는 곳이 많다. 책 선정 전에 지역 도서관에 갖춰져 있는지를 먼저 살펴봐야 한다. 도서관에서 구하기 힘든 책은 사야 함을 모임원에게 미리 알려 주어야 한다. "도서관에도 없는 책을 선정했다"라며 리더에게 항의를 했다는 다른 독서모임의 이야기를 들은 적이 있다. 그래서 도서관에 있는지 확인하는 절차를 꼭 가지는 것이 좋다. 책을 사든 도서관에서 빌리든 E-book을 읽든, 책을 구하는 방법은 개인에게 맡긴다.

읽을 도서를 선정하는 일은 리더에게는 부담이 아닐 수 없다. 그러나 매번 회원들의 책 추천을 받아서 읽기에는 한계가 있다. 한 독서모임에서는 회원 한 명당 한 권의 책을 추천하고 최종 투표로 선정한다. 그렇게 되면 회원 수만큼 책 후보가 나오게 되는데, 투표하고 선정하는 과정이 재미있는 사람도 있겠지만 스트레스인 사람도 분명 있다.

그래서 리더가 준비한 선정 도서가 있다면 회원들이 책을 고르는 데 시간을 들이지 않아도 된다. 책 선정이 고민될 때는 딱 두 권 정도의 책을 후보로 두고 모임에서 의견을 물어보는 정도가 적당하다. 모임에서 불필요한 에너지를 낭비하지 않게 하는 것도 리더의 역할이다.

다른 독서모임에서는 어떤 책을 읽는지 살펴보는 것도 책 선정에 도움이 된다. 현재 독서모임이 전국적으로 활성화되어 있고, SNS 덕분에 더욱 붐을 형성하는 추세다. '독서모임'이라는 검색어만 쳐봐도 다양한 독서모임이 나온다. 다양한 독서모임을 살펴보면서 어떤 책을 주로 읽는지 파악하는 것은 큰 도움이 된다. 다른 모임에서 소개된 책 중 흥미로운 것이 있다면 리더가 읽어보고 선정하는 것도 방법이다. 리더가 먼저 읽고 책을 정하게 되면 선정 도서를 공지할 때 회원들에게 흥미를 끌어낼 수 있다. 읽고 싶도록 책을 잘 홍보할 수 있기 때문이다.

모임의 첫 시작은 누구나 접근하기 쉬운 책이 좋다. 《독서 천재가 된 홍대리》는 내가 하는 모임들에서 첫 번째 책으로 선정하는 책이다. 독서에 관련된 책이기도 하고 독서를 꾸준히 하면서 변하는 홍대리의 모습을 보며 동기부여가 가능하다. 홍대리는 아버지 사업이 부도가 나서 집이 경매로 넘어가고, 동생의 등록금을 책임져야 하는 실질적인 가장이다. 그런데 회사일도 잘 풀리지 않고, 애인마저 떠나 절망적인 상태였다. 변화가 절실한 그에게 친구는 독서 멘토를 소개해준다. 그는 멘토의 가르침에 따라 100일 33권 읽기, 1년 365권 읽기에 도전한다. 그 과정에서 홍대리는 슬럼프도 만나지만 우직하게 책을 읽고 성공을 향해 매진한다. 책 초반에는 책 읽기를 힘들어하는 홍대리에게 책 읽을 시간을 내는 방법, 독서 습관을 만드는 방법이 제시되어 있으므로 독서 초심자가 활용할 수 있어 도움이 된다.

경제 독서모임에서는 《부자가 되는 정리의 힘》이라는 책을 첫 번째 책으로 선정했다. 일상에서 따라 하기 쉬운 것부터 시작해 부의 기초를 쌓는다는 내용이어서 모임의 성격에 부합한다. 이 책은 정리를 하면 부자가 될 수밖에 없는 이유를 말하며, 비우는 것에 대한 기회비용을 이야기한다. 지갑 정리, 영수증 정리, 통장 정리, 청구서 정리, 냉장고 정리, 옷 정리 등을 통해 비우기를 쉽게 시작하고 지출을 줄이는 방법을 말한다. 정리 컨설턴트가 말하는 정리 방법으로 지출을 줄이며 시간을 투자해 부자가 되는 방법은 기존의 경제 도서와는 좀 다른 접근이라 할 수 있다. 하지만 경제 도서 초보자들이 재미있게 경제를 터득할 수 있다는 점이 장점이다.

한 달에 두 번 모이는 독서모임에서는 지정 도서와 자유 도서로 모임을 이끌었다. 지정 도서는 리더가 정해주는 도서, 자유 도서는 개인별 읽고 싶은 책을 읽고 소개하는 시간이다. 독서모임이 자리 잡으면서 자유 도서도 얼마간 주제를 정해보았다. 한 명씩 돌아가며 주제를 정해주면 다른 회원들은 그 주제 안에서 자유롭게 책을 읽고 소개하는 것이다. 글쓰기, 여행, 환경, 말하기, 자녀교육 등 다양한 주제가 나왔고 같은 주제의 다양한 책을 보는 재미도 있어 유익했다. 신기하게도 한 번도 같은 책이 소개된 적이 없을 정도로 회원마다 다른 책을 소개해 다양한 책을 알 수 있는 기회가 되었다. 주의할 점은 처음부터 하는 것보다 모임이 어느 정도 자리를 잡은 후에 이벤트처럼 해보는 것이 좋다. 또 모임의 성격과 너무 다른 주제를 잡는 것도 주의해야 한다. 리더가 미리 주제의 폭을 정해주면 좋다.

독서모임의 책을 선정하는 것은 가장 중요하며 또 신중하게 해야 할 일이다. 어떤 책으로 이야기를 나누느냐에 따라 모임에 참여한 사람들이 시간을 얼마나 알차게 보낼 수 있는지를 좌우하기 때문이다. 회원 각자의 독서력에 맞게 조절하는 것도 신경 써야 하고, 리더만 좋아하는 책을 선정해서는 안 된다. 그래서 늘 고민이 되고 신경 쓰는 것이 바로 책 선정이다.

6월과 12월이 되면 회원들에게 반년간 읽었던 선정 도서 중 좋았던 책을 뽑는 투표를 부탁한다. 가장 인상 깊었고 좋았던 책을 투표하면서 우리가 읽었던 책을 다시 살펴보게 된다. 투표 결과에서 베스트3을 뽑는데, 뽑힌 책들을 살펴보면 우리 모임의 성격이 보이는 효과도 있다. '아, 이런 책이 회원들의 마음을 움직였구나'라고 파악하고 이후의 도서 선정에 참고자료가 된다.

# 모임의 시작,
## 어떻게 시작하는 것이 효과적일까?

───── 오랜 친구들은 언제 만나도 편하게 많은 이야기를 나눌 수 있다. 서로의 가정사, 관심사 심지어 과거의 연인까지 모두 알고 있는 사이이니 할 말이 많다. 또 만나지 못한 기간의 이야기를 한참 풀다보면 시간이 훌쩍 지나간다.

그러나 독서모임으로 새로운 분을 만나게 되면 완전히 다르다. 처음 만나는 사람과의 만남은 다음과 같이 통성명부터 시작한다. "안녕하세요, 신화라입니다."

모임이 시작되면 말하는 내내 긴장한다. 어떤 말을 해야 할지 말하면서도 고민하고, 상대방이 어떤 말을 할지 조심스럽고 궁금하다. 나를 어떻게 보는지, 나도 상대방이 어떤 사람인지 티 나지 않게 살피게 된다. 그리고 약간의 미소를 계속 유지하게 된다.

'당신 말에 집중하고 있어요'라는 표정을 지으며 공감의 뜻으로 말끝마다 고개를 끄덕여준다.

독서모임은 다수를 상대해야 한다. 단 회원들이 함께 꾸려야 하는 시간이고 서로의 상호작용도 중요하다. 리더를 비롯한 모든 회원이 각각 1:N이다. 일대일의 만남과는 또 다른 만남이다. 책을 중심으로 놓고 어떤 의견이든지 듣고 말하는 시간이다. 그렇기에 자유롭게 말하고 듣는 시간이 될 수 있도록 토론의 분위기가 형성되어야 하는 관계다.

처음 만나는 사람이 많으면 일대일의 만남보다 더 긴장되고 떨리는 것은 당연하다. 리더도 마찬가지다. 독서모임을 처음 만들고 한동안은 말하는 내내 긴장감이 떠나지를 않았다. 그래서 더 과장되게 동작을 하기도 하고 목소리 톤이 높아지기도 했다. 회원들도 긴장하고 있기에 좀 더 따뜻하고 좋은 분위기를 만들기 위한 나름의 노력이었다.

온라인이든 오프라인이든 본격적인 이야기가 시작되기 전, 모임을 위해 사람들이 모일 때가 더 어색했다. 그래서 모임 시간보다 일찍 오는 회원들과 어떤 이야기를 할지 고민했다. 독서모임이라고 정해진 이야기가 있는 것은 아니다. 사람들과 만나면 일상적으로 하는 이야기, 누구에게나 쉽게 이야기를 끌어낼 수 있는 것들을 생각했다. 나보다 먼저 온 회원에게는 '일찍 오셨네요'라는 말부터 시작하고 '오늘 날씨 좋죠' 또는 '비 오는데 오실 때

불편하지 않으셨어요?'라고 날씨 이야기부터 시작했다. 아이들 방학이나 개학 이후에는 '애들 방학(개학)했죠? 아휴 고생 많으셨어요'라는 말들로 상대방과 대화를 이어나갔다.

이영민 교수의 《아이스 브레이크 101》이라는 책이 있다. '아이스브레이킹'을 위한 간단한 놀이를 소개하고 있다. 아이스브레이킹은 새로운 사람을 만났을 때 어색하고 서먹서먹한 분위기를 깨트리는 일이라고 한다. 이 책에서는 아이스브레이킹의 방법으로 몇 가지를 소개한다. 오리엔테이션이나 자기소개 하기, 명함 교환하기, 모임에 참가해 기대사항 나누기 등의 간단한 프로그램도 있고, 아이스브레이크라는 전문화된 프로그램도 있다. 그림이나 몸짓으로 자기소개 하기, 관찰 게임이나 팀 게임 같은 놀이 중심의 아이스브레이킹도 있다.

모임원들을 만나서 간단한 이야기를 끌어내는 것, 유대감을 갖고 공통적인 이야기를 나누는 것 모두가 결국 아이스브레이킹이었다. 카페에서 모임을 하면 커피를 주문하고 마시는 시간도 아이스브레이킹이 된다. 모임 시작 전까지나 사람이 어느 정도 모일 때까지 이야기를 나눈다. 회원 집에서 모임을 할 때도 커피를 내리는 시간이 곧 아이스브레이크 시간이 되고 안부를 묻는 시간이다. 커피 준비가 끝나면 본격적인 책 이야기로 들어간다.

일정 시간 아이스브레이크를 했지만, 모임원들이 다 오지 못하는 때도 있다. 시작 시간에서 5~10분 정도는 기다려 줄 수 있지만, 너무 늦게 시작하면 일찍 온 회원에 대한 예의가 아니기에 이때는 사람이 적더라도 모임 진행을 시작하는 편이 낫다. 그렇지 않으면 늦게 도착한 회원으로 인해 다시 '근황 토크'가 시작될 수 있고, 그로 인해 책 이야기로의 집중이 안 될 수도 있다.

"근황 토크는 마치고 나서 더 하시고 지금은 책 이야기부터 나누시죠"라고 마무리하는 것이 좋다.

이 과정이 끝나면 본격적인 책 이야기로 들어가야 할 시간이다. 이때 책에 대한 간단한 느낌부터 묻는 것이 좋다. "좋았어요" "어려웠어요"와 같은 이야기가 나올 것이고, 책에 대한 별점을 매겨볼 수도 있다.

다른 모임원은 어떤 느낌이었는지 간단하게 알아볼 수 있는 것이 바로 별점이다. 다른 사람들의 이야기를 쉽게 끌어낼 수 있는 방법 중 하나라 할 수 있다. 또는 '저는 이 책의 전반적인 느낌이 이러했는데, 어떠셨어요?'라고 리더가 자기 생각을 먼저 말하고 이야기를 유도할 수도 있다. 이렇게 질문해도 모임원들이 먼저 나서서 이야기하지 않는 경우도 많은데, 그럴 때는 리더가 돌아가며 지목해서 발언권을 주는 것이 한 방법이다. 시계방향 또는 반시계 방향으로 하거나 일찍 온 회원들에게 먼저 발언권을 주기도 한다. 먼저 온 회원들은 이미 준비가 되어 있고 늦게 온 회원들이 숨을 고를 수 있는 시간을 벌기 위해서다.

독서모임의 시작을 짧은 강의로 하는 예도 있다. 10~20분의 짧은 강의는 책을 요약해주는 정도가 좋은데, 모임 시간 대비 너무 길지 않게 해야 한다. 고전이나 어려운 책처럼 간단하게 정리해주면 좋은 책은 이런 방식이 좋다. 회원들이 쉽게 책을 완독해서 온다면 굳이 필요하지는 않다. 준비하는 사람(주로 리더)의 노력이 많이 드는 일이어서 가끔씩 해도 괜찮다.

모임에 오는 사람들은 자신의 이야기를 하고 싶은 마음이 크다. 매번 리더의 강의를 듣는 게 중요하지 않을 수도 있다. 실제로 매번 그런 방식을 취한 다른 리더의 말을 들어보면 "강의를 줄이고 토론을 더 하고 싶다"라고 요청한 분이 많았다고 한다. 책을 다 읽고 참여하는 회원에게는 그런 요청이 나올 수 있다. 간혹 책을 읽지 못하고 온 회원을 위해 책을 요약해주는 리더도 있는데, 책을 읽지 않으면 요약본을 봐도 토론할 수 없다는 것을 참여자들은 이미 알고 있다. 내가 '적어도 2/3 이상은 읽고 참석'이라는 방침을 세운 것은 바로 그런 이유에서다.

독서모임에서 어떤 말로 시작할지는 리더라면 고민이 되는 부분이지만, 큰 고민을 할 필요는 없다. 독서모임도 결국은 사람과의 관계를 맺는 일이기에 자연스럽고 편안한 분위기를 만드는 것이 정답이라 할 수 있다.

# 독서모임 진행은
# 어떻게 하는 것이 좋은가?

──────── 아이스브레이킹과 근황 토크를 충분히 나눴다면 이제 본격적으로 책 이야기를 나눌 시간이다. 책 이야기는 보통 회원의 이야기를 다 들은 뒤 리더가 마무리하는 경우와 리더가 먼저 간결하게 발표를 한 뒤 회원의 이야기를 듣는 경우 두 가지로 진행된다. 어떤 경우든지 리더가 마무리하게 되고, 모든 회원이 이야기할 수 있도록 발언권을 주는 것이 중요하다. 하나의 이야기를 두고 약 2~3분 정도의 시간 안에 발표하게 된다. 짧으면 1분 정도의 소감을 말하는데, 그것을 듣고 있던 다른 회원이 그 이야기를 받아 자신의 의견도 말하면서 토론은 이어지게 된다. 마치 핑퐁처럼 이야기를 주고받으며 진행되는데, 하나의 이야기를 전부 나눈 뒤 다음 이야기로 넘어가도록 한다.

책을 읽고 생각을 말한다는 것은 책에서 얻은 지혜를 나의 삶과 연결하는 일이 동반된다. 그렇기에 자연스럽게 나의 이야기와 사적인 이야기가 나올 수 있다. 여기서 주의해야 할 점은 주제와 관계없는 이야기로 빠지지 않도록 하는 것이다. 보통 모임마다 한두 명 정도 이야기를 독점하는 사람이 있기 마련이다. 처음에는 주제에 맞는 말로 시작했다가 너무 많은 이야기를 하면서 다른 쪽으로 빠지기도 한다. 끊어낼 타이밍도 주지 않고 속사포로 쏟아내는 사람들이 있는데, 그런 분들에게는 신호를 보내 이야기를 끊도록 유도해야 한다. 시계를 본다든지, 쳐다보지 않고 책장을 계속 넘긴다든지 등의 신호를 보내는 것이다.

'이제 그만!'이라는 신호를 줬을 때 알아차리는 사람이 있지만 그렇지 못한 사람도 있다. 겨우 다른 회원에게 발언권을 줬는데 금세 발언권을 가져가 버리는 경우도 많다. 본인은 독서모임에 참여하는 거로 생각하겠지만, 모임을 자기 자랑, 자식 자랑, 수다의 장으로 생각하는 분들도 가끔 있다. 책 이야기보다 자신의 이야기만 길게 하는 것은 시간을 내어준 다른 사람들에 대한 무례함이자 실례다. 그런 사람을 제지하느라 정작 모임 시간을 제대로 진행하지 못한 날도 있었다.

몇 번의 시행착오를 겪은 뒤 1회 발언은 2~3분을 넘지 않도록 공지를 올렸다. 하지만 말문이 트이면 2~3시간이라도 말할 기세인 사람도 있다. 그래서 모임 중간마다 "우리 모임 시간이 몇 분

남았어요"라고 알려준다.

독서모임 운영을 위해 강의를 몇 번 들었는데, '혼자 이야기를 독점하는 사람을 대처하는 방법'에 대한 질문이 빠지지 않고 나왔다. 그것은 독서모임을 운영해본 사람이라면 누구나 공감하는 부분이다. 경험에 의하면 그런 회원들은 자신이 필요할 때만 모임을 찾는다. 그들은 수다를 풀 곳이 필요한 것이다. 독서모임의 분위기를 위해서 리더는 그러한 사람을 걸러내는 작업도 필요하다.

온라인 독서모임의 경우 발언 순서를 정해주면 좋다. 잡음이 생길 수 있으니 마이크는 꺼놓고, 켜도 상관없는 경우에는 켜놓기도 한다. 가끔 발표자 이외의 소리가 들리는 곳은 운영자의 권한으로 마이크를 끄기도 한다. 부스럭거리는 소리도 크게 들릴 수 있기 때문에 소리에 신경을 써야 한다. 온라인 모임은 사담이 적은데, 아무래도 발표자의 얼굴만 주로 보이기 때문이다. 또 내 얼굴, 내 목소리가 정확하게 보이고 들리는 중에 사담까지 하기는 부담스럽기 때문이다.

온라인 모임에서도 혼자 길게 말하는 사람은 있다. 옆의 분위기를 쉽게 눈치챌 수 없다는 이유일 수도 있다. 대면 모임과 마찬가지로 리더는 이야기가 길어지면 적절한 발언으로 말을 끊어줄 필요가 있다. 온라인의 특성상 사람들의 피로도가 쉽게 높아질 수 있기 때문이다. 참여자들로 하여금 중간에 생각난 내용은 채팅창을 이용하도록 한다. 자기 얼굴만 크게 보이니 더 조용해지는 분도 있기 때문이다. 채팅창에 올라오는 내용은 리더가 적절하게 언급해주면 좋다.

함께 독서모임을 하는 회원들은 책을 읽으며 인상 깊은 곳에 인덱스 스티커를 붙이거나 노트 정리를 해서 온다. 그리고 정리한 내용을 이야깃거리에 맞게 말하고 나눈다. 리더는 중간에 질문이나 생각할 것들을 회원들에게 던져줄 뿐이다. 회원들의 진심을 책에 붙은 인덱스나 노트에 정리해온 것을 통해 엿볼 수 있다. 물론 개인별로 인상적인 부분을 단순히 노트 정리하는 것일 수도 있지만, 그렇게 노트 정리와 인덱스를 해오는 분들은 그 이야기를 나누고 싶어 하는 경향이 있다. 그것은 책의 내용에 더 집중할 수 있도록 하는 효과가 있다.

직접 만든 독서 노트를 제공하고 나누어본 팀도 있었지만, 그것은 강요할 일이 아님을 알게 되었다. 스스로 우러나오는 마음이 있어야 가능하고 억지로 하는 것은 숙제처럼 싫은 일이 되고 만다. 확실한 점은 인덱스든 노트 정리든 책의 내용을 기억하고 싶어 하는 사람들과의 독서모임은 수월하다는 것이다. 리더가 많이 애쓰지 않아도 모임시간을 가득 채우고도 오히려 시간이 부족하다.

독서모임 책으로 선정했던 《데일 카네기 인간관계론》을 보면 '경청하는 태도'에 대한 이야기가 나온다. 진심으로 경청하는 태도는 우리가 다른 사람에게 보일 수 있는 최고의 찬사 가운데 하나라고 말한다. 이 말은 독서모임에도 해당한다. 엄마들은 이 구절을 보면서 아이의 말을 잘 들어주는 일도 중요하다고 말했다. 또 자기계발서의 고전이라고 불리는 책에서 육아의 태도를 배우게 되어 좋았다고 했다. 구성원 각자 받은 감동은 달랐지만 책에서 또 하나를 같이 배울 수 있는 시간이었다. 모임에서 남의 말을 잘 듣는 것, 경청하는 태도가 얼마나 다른 사람을 존중하는 일인지를 배우게 된 것이다.

이 책을 함께 읽고 의견을 나눈 뒤로 회원들은 자신의 발언권만큼 이야기하고 지나치지 않도록 주의하는 모습을 보였다. 혹시라도 발언이 길어지지 않았는지 반성하는 사람도 생겼다.

독서모임은 수다의 장이 아니라 목적이 있는 모임이다. 독서모임 시간에는 책을 읽고 의견을 나누는 중요한 목적이 있다. 그이외의 사적인 이야기는 최대한 자제하고 원하면 사적인 만남을 만들어서 하면 된다. 오랫동안 독서모임이 지속되면서 지금은 독서모임 회원들과 사적인 모임도 가끔 갖는다. 책 없이도 책 이야기를 할 수 있는 관계, 독서모임에서 하지 못하는 사적인 이야기도 나눌 수 있는 관계, 같이 성장을 꿈꾸는 관계, 그냥 커피 한잔할 수 있는 관계가 되었다. 말 그대로 책이 맺어준 '책친구'가 되었다.

# 독서모임 진행을 위한
# 좋은 형식이 있을까?

앞에서 언급했지만, 나는 독서모임의 참여자로 활동하지 않고 바로 리더가 되었다. 경험이 없었기에 온라인으로 다른 모임을 살펴보는 일이 많았다. 모임 비용을 결정하는 등의 운영 방법이 궁금하거나 선정할 책이 고민될 때도 그러했다. 모임마다 운영방식이 달랐지만 한편으로 비슷한 부분도 많았다. 내 생각과 비슷한 모임의 운영방식은 물론 다른 방식도 참고했다. 생각지도 못한 변수가 생길 수 있기 때문이다.

운영하는 블로그의 이웃은 주로 책을 좋아하는 사람들인데 그중에는 독서모임을 하는 분이 많다. 직접 운영하는 리더도 있고 참여자는 더욱 많다. 리더가 주로 모임 후기를 올리지만, 참여자도 후기를 꾸준히 올리는 것을 볼 수 있다. 자신의 독서 성장 과정을 기록하는 일은 매우 바람직한 일이다.

　블로그 이웃분들과 다른 독서모임을 살펴보던 중 눈에 띈 것이 있었다. 바로 '발제문'이다. 독서모임마다 그 단어가 나와서 네이버 사전으로 검색을 해보니 '토론회나 연구회 따위에서 어떤 주제를 맡아 조사하고 발표함'이라는 뜻이었다. 독서모임에서의 발제는 주로 그날 읽는 책에서 질문거리를 뽑아내어 회원들에게 토론을 제시하는 용도로 쓰이고 있었다. 발제문은 주로 리더가 만들었고, 회원들이 돌아가면서 질문을 만들게 하는 모임도 있었다. 발제를 만들기 위해서는 그날 함께 나눌 책을 완전히 파악하고 있어야 하는 일이 우선이다.

　'다른 모임에서는 다 하는 것을 나만 안 하고 있었나?' 하는 생각이 들어 독서모임을 오래하고 있는 분들이 쓴 책을 여러 권 읽었다. 어떤 발제를 내야 하는지, 어떻게 질문을 뽑아내야 하는지 고민했다. 그런데 결론적으로 그것은 우리 모임에서 이미 하고 있는 것이었다.

　사실 발제문은 책을 읽으면서 자연스레 나오는 질문이며, 깊게 생각해볼 수 있는 질문이다. 책에 나를 대입해보는 질문이 되고 삶에 적용하는 일이 된다. 쉽게는 책의 저자가 독자에게 하는 질문도 발제가 된다. 우리 모임에서도 굳이 발제문이라고 이름붙이지 않았지만 이미 하고 있었던 것들이다. 책을 읽다보면 궁금한 점이 생기고, 이해되지 않는 부분도 있다. 그리고 내 삶에 적용할 부분도 생긴다. 그런 모든 것들이 발제문이 될 수 있다.

모임을 위해 책을 다시 읽으면서 '이 내용은 회원들에게 한번 물어보면 좋겠다'든지, '이 내용은 나만 이렇게 생각하는 걸까, 저자가 이렇게 말하고자 하는 게 맞나?'라는 등의 생각들이 생긴다. 그런 것들을 모임에서 나누게 되는데 발제문으로 따로 정리하지 않아도 모임 시간 내에 자연스레 질문이 오가게 된다. 또 모임을 하면서 떠오르는 생각을 회원들의 이야기 사이마다 툭툭 던져주는 질문도 있다. 그 질문으로 발언이 이어지게 된다. 결국 어떤 질문이든 누군가의 답을 듣게 되고 다른 이들도 생각하는 시간이 된다.

반대로 발제문을 정해놓고 모임을 하면 발제문에 따라 짜임새 있게 이야기를 나눌 수 있어 좋다. 질문의 개수에 따른 시간 분배도 수월해지고, 회원들에게 토론거리를 미리 알려주는 효과가 있다. 온라인 모임에서 발제문이 있으면 진행이 훨씬 수월하다. 온라인 모임은 대면 모임보다 시간에 엄격한 면이 있어 발제문이 있으면 효율적인 시간 분배가 가능하다는 점에서 발제문이 큰 도움이 된다. 만약 즉흥적인 발제문을 선호한다면 좀 더 자유로운 토론을 이끌어낼 수 있고, 자신이 나누고 싶었던 구절을 마음껏 모임원들과 공유할 수 있을 것이다. 단, 이야기가 중심을 잃지 않도록 잘 잡아줄 필요가 있다.

발제문은 독서모임 리더인 내게 독서모임을 체계적이고 짜임

새 있게 운영하는 데 필요한 형식을 깊이 고민하게 하는 계기가 되었다.

그리고 확실하게 알게 된 것은 발제문은 억지로 짜낼 수 있는 것이 아니라는 점이다. 책을 읽고 생각하고 곱씹다보면 나누고 싶은 거리가 저절로 생겨나는데 굳이 발제문이라 이름붙일 필요는 없다. 한 가지 이야기로만 시간을 꽉 채운다고 해서 잘못된 독서토론은 아니다. 독서모임의 본질은 '함께 책을 읽고 나눈다'는 것이다.

# 모임의 마무리에
# 넣어야 할 내용들

"와 벌써 그렇게 되었나요? 너무 아쉬워요."

"시간이 정말 빨리 가는 것 같아요."

"우리 모임 시간을 더 늘리면 안 돼요?"

"오늘도 너무 좋았어요!"

"다음 시간도 기대돼요."

독서모임의 예정된 시간을 10분 정도 앞두고 항상 오가는 이야기다. 리더는 시간을 계속 보면서 모임을 진행한다. 한 사람씩 발언권을 지켜주며 혹시나 말하지 못한 사람은 없는지, 조용한 사람이 있다면 그 사람의 이야기까지 들어보도록 신경을 써야 한다. 듣는 것을 좋아하고 말하는 것을 부끄러워하는 사람이 있다면 굳이 시간을 내서 나온 장소에서 적어도 책에 관해 한 마디는 하도록 이끌어줄 필요가 있다. "앞의 분들이 다 이야기해서요"라고 말하는 분들도 있지만, 본인이 좋았던 구절과 생각의 차이는 분명히 있을 것이다.

모임 시간을 마무리할 때는 먼저 회원들의 이야기를 끝내는 일이 우선이다. 마무리할 시간이라고 알리면 서둘러 하던 이야기를 마무리한다. 그렇게 이야기를 마무리하고 리더는 책의 내용을 정리한다. 오늘 이런 책에 대한 이야기를 나누었고, 어떤 이야기들이 오갔는지 정리한다. 관련 책, 추천 책이 있으면 알려주고 단톡방 등에 공유한다.

회원들의 소감도 이 시간에 들으면 좋다. 후기를 바로 들을 수도 있고, 아니면 수기로 작성한 것을 받아 읽을 수도 있다. 다음 모임 날짜 및 선정 도서 공지도 중요하다. 지정된 날짜 혹은 회원들과의 조율을 통해 날짜를 정하고 리더가 미리 정한 선정 도서도 공지한다. 마무리 시간에 기타 안내 사항도 함께 알려준다.

마지막으로 인증사진 찍기는 항상 하는 일이다. 책 사진만 찍을 수도 있고, 인물사진을 찍을 수도 있다. 얼굴이 나오지 않게 하기도 하는데, SNS에 후기를 올릴 때는 회원들의 동의가 없다면 흐리게 하거나 모자이크 처리해서 올린다. 한 시간 반에서 두 시간 정도 되는 모임 시간의 마무리는 다음을 기약하는 내용으로 정리한다. 책 나눌 때의 긴장이 풀리는 시간이며 준비한 다과도 즐길 수 있는 시간이다.

여러 개 모임을 진행하면서 느낀 점은 잘 되는 모임도 있고 안 되는 모임도 있다는 것이다. 한 모임은 다른 지역에서 남편의 직장을 따라 유입된 분들이 많은 지역의 모임이었다. 남편의 일에 따라 다시 다른 지역으로 가는 분도 많다 보니 회원 교체가 잦았고, 다른 독서모임을 이끄는 리더가 되어 그만두는 사람들도 있었다. 내가 사는 동네가 아닌 지역이어서 멀리 나가는 만큼 애정이 많았는데, 아쉬운 점은 다른 모임에 비해 유난히 완독률이 떨어지는 것이었다. 타지에서의 외로움을 달래기 위한 방도로 모임을 택한 사람이 많았기 때문으로 분석된다.

이 모임은 책을 읽지 않고 오는 사람이 다수 모이면서 수다 시간으로 변질되는 경우가 잦아졌다. 그래서 책 모임을 운영하기가 마음처럼 되지 않았다. 코로나19로 대면 모임을 할 수 없게 되었을 때 독서모임을 온라인으로 전환했지만, 독서모임으로서의 성격이 옅어진 이 모임은 온라인으로 전환 의지가 보이지 않아 결국 모임 종료를 결정했다.

비슷한 시기에 시작한 다른 모임들은 3년이 넘도록 진행되고 있었기에 모임이 지속되지 못한 원인을 곰곰이 생각해보았다. 이 모임은 시작 인원이 많고 연령대가 낮았다. 젊은 엄마들이 많아 활기찬 모임이었다. 출산으로 나오지 못한 회원도 있지만, 5개월 쌍둥이를 남편에게 맡기고 나오는 회원도 있었다. 직장 생활을 하면서 퇴근 후 모임에 나오는 사람도 있었다. 워킹맘의 비율이 상대적으로 높았고 다들 의욕이 높았다. 하지만 어느 순간부터 책에 대한 의욕이 사라지는 사람이 하나둘씩 늘어나기 시작했다. 완독하지 않고 오는 사람이 하나둘씩 생겨나는 것이 그 징조였다. 벌칙도 의미가 없었다. 어느 날은 리더만 책을 읽어서 모임에서 토론을 할 수 없는 경우도 있었다. 궁여지책으로 그날 나눌 책의 줄거리를 요약해주고, 책을 소개하는 북텔링으로 그날의 모임을 마무리했다. 바빠서 책 읽을 시간이 없다는 사람도 있었고, 지정 도서가 아닌 자신이 읽고 싶은 책만 읽고 오는 사람도 있었다. 그런 분위기가 이어지면서 새로운 회원이 들어와도 분위기 전환이 쉽지 않았다.

이 독서모임은 초기에는 매번 회원 모집도 잘 되었고, '네이버 우리 동네' 코너에도 자주 소개되었다. 도서 지원 이벤트에도 당첨되어 책을 전원 지원받기도 했다. 재밌었고 신나던 모임이었기에 종료를 하려니 아쉬움이 컸다. 한 가지 깨달은 점이 있다면 우리의 모임은 '독서모임'이기에 그 성격을 잃게 되면 모임은 오래 지속되기 힘들다는 점이다. 모임의 성격과 중심을 잃지 않도록 리더의 역할이 중요하다는 점을 깊이 깨닫게 해준 계기였다.

# 모임의 색깔을 담는
# 중요한 이름 짓기

독서모임을 결성하고 회원들과 첫 모임을 가졌다. 가벼운 오리엔테이션 같은 느낌으로 독서모임에 참여한 이유와 어떤 책을 읽으면 좋을지 그리고 모임의 횟수, 선정 도서와 자유 도서 방식 등을 의논했다. 마지막으로 모임의 이름을 지어보기로 했다. 모집 공지글에는 '엄마 독서모임 같이 하실 분 회원 구해요'라고 글을 썼다. 그것처럼 모임 이름을 '엄마 독서모임'으로, 지역명을 넣어 '창원 엄마 독서모임'으로 할까 생각했다. 그런데 단순히 '창원 엄마 독서모임'이라고 하기에는 너무 특색이 없었다. 창원에서 진행되는 엄마 독서모임이 우리만 있지는 않으니 말이다. 특색 있는 이름, 우리를 대표할 수 있는 모임 이름이 필요했다. 그리고 모임 이름을 함께 지으면 모임에 대한 소속감과 애정도 그만큼 더 커질 것이라고 생각했다.

온라인 모임을 만들고 모집할 때는 모임의 이름을 지어놓고 모집을 한다. 모임의 특성이 잘 보이고, 무엇을 하는지 궁금증을 유발하거나, 정확하게 '어떤 거구나'라는 생각이 들도록 한다. 온라인으로 진행한다는 것을 알리기 위해서 '온'이라는 단어를 꼭 넣기도 하고, 프로젝트의 내용을 쭉 나열하고 그 단어의 첫 글자만 따기도 한다. 실제 운영했던 '비우고 글 쓰는 미라클 타임'이라는 내용을 담은 프로젝트는 '비글미'로, 신문 사설을 읽고 공부하는 '슬기로운 신문 사설 읽기' 모임은 '슬기'로, '오직 엄마들을 위한 경제 독서모임'은 '온니맘 경제'라고 지었다. 온라인 경제신문 읽기 모임은 '온경'으로, 일반 경제 독서모임은 '경제 북클럽'으로 지어 부르고 있다.

모임 이름을 잘 짓는 작가분이 있는데, 다음과 같이 조언해주었다. '참여자에게 호기심을 유발하고 그 모임의 특성을 녹여서 지을 것.' 그래서 이름을 고민할 때는 국어사전을 자주 들춰본다. 프로젝트나 모임을 만들 때 국어사전을 보면서 좋은 단어가 있는지 찾아본다. 생각해보면 실패했던 프로젝트는 이름부터 잘못 지었다. 이름을 들었을 때 '이건 도대체 뭐 하는 모임이야?'라고 알 수 없거나 아무것도 떠오르지 않는다면 그 이름은 실패라 할 수 있다.

오프라인으로 시작한 엄마 독서모임들은 그 이름을 회원들과 함께 지었다. 첫 모임을 하면서 다음 모임 때 모임명을 짓기로 공지했다. 2주간 다 함께 생각할 시간이 필요했기 때문이다.

첫 번째 모임의 이름은 '독서나무'로 결정되었다. 이 단어는 독서와 책의 열매가 주렁주렁 열리는 나무를 연상하게 한다. 처음은 우리가 작은 묘목 같은 나무지만 점점 풍성해지는 큰 나무를 기대하고 큰 나무가 되어 많은 열매도 맺을 거라는 의미를 갖고 있다. 우리의 독서가 처음은 미약해도 언젠가 큰 나무가 될 날을 기대하며 지은 것이다. 회원들 모두 '독서'가 들어가면 좋겠다고 했고, 누군가가 "나무를 붙이면 어때?"라는 의견을 냈다. 아이들이 독서 활동을 할 때 만드는 독서나무도 연상하면서 그렇게 '독서나무'가 되었다. '독서나무'를 검색하면 아이들의 독후 활동 이야기가 나오는 중에 우리 모임의 이름도 보인다. 또 독서 교육을 하는 기관도 보인다. 그렇게 우리 모임이 연관 검색되는 것을 보며 이름 짓기의 중요성을 다시 한 번 느끼게 된다.

두 번째 모임은 '달빛클럽'이다. 이 모임은 평일 저녁에 하는 모임이다. 이름 짓기 공지를 하고 집으로 돌아가는 길에 큰 보름달이 뜬 것을 보고 한 회원이 모임 시간에 그날의 달빛이 너무 좋았다고 하면서 "아이가 없는 시절에는 이런 밤에 클럽이나 갔을 텐데, 그런 내가 독서모임을 하다니 내 변화가 스스로 놀라워요"라고 말했다. 다들 크게 공감했고, 그런 이야기를 다듬어 '달빛클럽'이 되었다.

세 번째 모임은 '맘, 쉼'이다. 주말 워킹맘 독서모임으로, 나와 회원 한 명, 총 두 명으로 시작할 때 지은 이름이다. 모임 이름을 구상하며 나는 엄마라는 뜻의 '맘'이라는 말이 들어가면 좋을 것 같다고 생각했다. 회원분도 엄마를 의미하는 'mom'과 마음을 의미하는 '맘'이라는 단어를 쓰고 싶다고 했다. 독서모임이 일상과 육아에서 벗어나 내가 온전히 나로 쉴 수 있는 시간이 된다는 이야기를 나눴다. 엄마 그리고 마음이 쉬어가는 시간이라는 의견이 모여 '맘, 쉼'이 되었다.

'독서나무 · 달빛클럽 · 맘, 쉼'이라고 회원들과 함께 이름을 짓고 나니 모임이 더 특별하게 다가왔다. 우리가 함께 지은 이름이기에 내가 만들었다는 책임감과 소속감도 생겼다. 《데일 카네기 인간관계론》에서는 "개개인의 이름을 사용하게 되면 우리가 전달하고자 하는 정보나 우리의 요구사항들이 특별한 의미를 지니게 된다"라고 했다. 김춘수 시인의 〈꽃〉이라는 시처럼 내가 모임의 이름을 불러주었을 때 모임이 나에게로 와서 꽃이 되는 느낌이다.

이름을 붙이고 부르는 순간 그 존재는 우리 각자에게 특별해진다. 모임 이름도 마찬가지다. 모임 공지에도 쓰고, SNS 후기를 쓸 때도 모임 이름을 꼭 넣는다. 모임의 이름이 생기면 나와 회원들은 그 이름 아래서 정말 하나가 되었다는 느낌을 받게 된다.

제3장

# 책을 중심으로 한
# 다양한 이벤트

# 만족도가 높은
# 저자 초청 강연 이벤트

책을 읽다가 크게 공감하거나 감명을 받으면 그 책의 저자를 만나보고 싶은 마음이 간절하다. 저자가 어떤 생각과 마음으로 그 책을 썼는지 궁금해진다. 저자 강연은 책과는 또 다른 감동이 있다. 감명 깊게 읽은 책의 저자를 만난다는 것은 독자로서는 설레는 일이기도 하다. 그래서 저자 강연을 자주 찾아가 직접 사인을 받기도 한다.

독서모임이 시작된 지 1~2년이 지났을 때 회원들에게 특별한 뭔가를 제공하고 싶었다. 그중 하나가 바로 저자 초청 강연이었다. 우리가 누구나 알고 있는 그런 유명 작가가 아닌, 우리 곁에서 평범하게 글을 쓰고 책을 낸 작가들을 초청하고 싶었다. '엄마 작가'이면서 멀지 않은 곳에 있는 작가를 찾아보았다. 평범한 엄마도 글을 쓰고 책을 낼 수 있다는 것을 회원들에게 보여주고 싶은 목적이었다. 아는 작가 중 인근에 사는 작가를 찾다가 황수빈 작가에게 부탁했다. 황수빈 작가는 《너를 있는 그대로 사랑해》라는 책을 출간했는데, 이 책은 뇌전증을 앓는 아이를 돌보는 엄마의 이야기다. 어느 날 저녁, 첫째 아이가 뒤로 넘어지면서 경련을 시작한다. 여러 가지 검사 끝에 병원에서는 아이에게 '소아 뇌전증(간질)'이라는 진단을 내린다. 가족들은 용하다는 곳을 찾아다니며 뇌전증에 효험이 있다는 방법을 모두 시도해본다. 저자인 엄마는 죄책감과 좌절감을 느끼며 현실을 부정하기도 한다. 그녀는 책에서 부정, 분노, 협상, 우울, 수용의 단계를 거쳐 마침내 아이와 행복한 시간을 보낼 수 있게 되었음을 말한다. 아이의 병을 인정하기까지의 과정과 독서와 글쓰기로 마음을 단단하게 다잡는 엄마의 모습이 그려져 있다.

이 책을 읽고 먼저 짧게 책 모임을 한 뒤에 작가 강연, 질문과 응답의 시간을 가졌다. 뇌전증 아이의 엄마로 살아가는 마음가짐과 그럼에도 행복한 날을 만들어가는 작가의 이야기를 들으며 눈물을 흘리는 회원도 있었다. 아이가 감기만 들어도 마음이 아픈데 뇌전증이라면 어떨까 하는 생각에 우리 모두 엄마로서 마음이 먹먹해지기도 했다. 뇌전증에 대해 이해하고 나아가 내 아이와의 행복을 만들어갈 수 있는 마음을 가득 안게 된 시간이었다.

또 《엄마, 세상 밖으로 나가다》라는 책이 있다. 이 책은 아이를 어떻게 잘 키울 것인가에 초점을 맞추고 살던 저자가 스스로의 성장을 위한 활동을 하며 변화하는 모습을 보여준다. 저자는 아이들을 등원시키고 아이가 하원할 때까지 동네 엄마들과 수다 삼매경에 빠지기도 했던 엄마였다. 그러나 그러한 유혹을 떨치기 위해 자신이 좋아하는 것이 무엇인지 찾아보고 고민하며 책을 읽고 글쓰기를 시작했다. 자녀를 공부 잘하는 아이로 만들려던 엄마에서 엄마 자신의 성장을 위해 노력하는 엄마로 변화했고, 행복한 육아를 위해 애쓰는 엄마가 되었다. 그렇게 바뀌는 과정은 주부였던 저자가 세상 밖으로 나가는 준비가 되었고, 다른 이의 성장을 돕는 사람으로 성장하게 한다.

이 책은 독서모임 엄마들에게 자극을 줄 수 있는 책이라 생각했다. 이 책의 저자인 홍보라 작가는 다른 지역에 살고 있었지만 가끔 친정인 창원에 온다는 정보를 입수해 마침 회원이던 작가의 친구분에게 부탁해 모르는 사이였지만 강연을 부탁했다. 홍보라 작가는 흔쾌히 시간을 내주었고, 우리는 각자 책을 읽고 독서모임을 했다. 홍보라 작가는 아이의 사교육과 조기 영어교육을 중요시하던 엄마였다. 우리는 홍보라 작가의 강연을 통해 어떻게 나를 찾고 자신을 돌보게 되었는지, 세상으로 나오려는 시도와 노력, 세상 밖에서 어떤 것을 배우고 성장하게 되었는지를 확인할 수 있었다. 회원들 모두 비슷한 생각을 가진 엄마들이어서 공감을 많이 했고 자극을 받는 시간이었다.

한 해가 마무리되는 시점에는 항상 다음 해의 계획을 세운다. 계획을 세우는 데 좋은 정보를 얻기 위해 《인생을 바꾸는 아주 작은 습관》을 쓴 지수경 작가를 초대했다. 이 책은 저자가 삶에서 실천한 작은 습관이 삶을 어떻게 바꾸었는지를 말하고 있다. 어릴 때부터 아토피, 합병증을 갖고 있었고 허약한 체질이었던 저자가 서른여섯에 아이를 낳고 무기력증과 짜증이 일상화된다. 그런데 그것이 점점 아이에게 전염되는 것을 보게 된다. 자신이 아이에게 하는 말투와 똑같이 아이가 말하는 것을 보고 충격을 받은 저자는 변화하기로 결심한다. 그녀는 '하루에 물 두 잔 마시기 프로젝트'를 시작하면서 몸이 좋아지는 것을 느낀다. 점점 1.5리터가 넘게 물을 마시게 되고, '3초 호흡', '5분 독서' 등의 아주 작은 습관으로 삶이 크게 변화한다. 엄마가 변하자 아이도 긍정적으로 변화하는 모습을 보며 '아주 작은 습관'에 대한 확신을 갖게 되었고, 이것을 책으로 내게 되었다고 한다.

작은 습관을 어떻게 시작하고 유지했는지, 그리고 거창하지 않은 작은 습관에 관한 이야기를 듣는 시간이었다. 마침 우리 모임에서 작은 습관 기르기 프로젝트를 했던 적이 있어 흥미를 더했다. 모집 공지를 보고 외부에서 온 분도 있어 자리가 가득 찰 정도로 매우 성공적인 저자 강연이었다.

위의 작가분들은 무료로 강연을 해주었지만, 우리 모임에서는 약소한 선물을 준비해서 드렸다. 강의 참여 조건은 작가분들의 책을 사서 읽어오는 것이었다. 이런 상황을 대비해서 평소에 회비를 걷거나, 강연비용으로 얼마씩을 내도록 하는 것도 필요하다.

또한 장소를 섭외하는 일도 중요하다. 당시 인근에 인원을 모두 수용할 수 있는 미팅룸이 없었다. 빔 프로젝트가 되는 카페의 단체실을 알아보고 예약을 했는데, 당일 빔 작동이 안 돼 노트북으로만 진행하기도 했다. 다음 강연 때 장소를 바꾸어 다른 곳에서 진행했을 때는 빔은 잘 작동했지만 트여 있는 장소여서 다른 손님들의 소음이 진행을 방해하기도 했다. 창원 지역에 소규모 강연장이 없어 그렇게 진행할 수밖에 없었던 것이 아쉬움으로 남는다.

코로나 이후로 온라인 강연이 매우 활성화되었다. 온라인 강연을 준비할 때는 줌 사용법을 미리 점검해놓는 것이 좋다. 강연을 할 작가분과 전날 맞춰 보거나 당일 강의 시간 전에 호스트 전환, 화면공유, 마이크 같은 시스템을 점검해야 한다. 화면공유가 제대로 안 되거나 마이크를 따로 꽂아놓고 연결 프로그램을 찾지 못해 시간이 지체되는 일도 있었다. 줌 사용법을 숙지하지 못한 게 원인이었다. 사용법은 미리 점검하는 것이 가장 좋다. 작가분이 강연하는 동안에는 들어오는 사람들과 참여자들의 마이크 등을 운영자가 계속 점검해야 한다. 갑자기 소리가 나는 것을 막아주고 대기실에서 기다리고 있는 참여자가 방으로 입장할 수 있게 돕는다. 강사 소개와 강의 마무리, 진행까지 모두 운영자의 몫이다.

강연이 끝나면 참여자들의 후기를 받는 것이 좋다. 참여자가 많다면 후기 작성 시간을 준 뒤 받은 후기를 정리한다. 우리 모임은 인원이 적어서 돌아가면서 소감을 이야기했다. 대부분 강연 만족도가 높았다. 작가분들처럼 엄마로 살아가는 회원들이어서 공통점도 있고 친숙했던 점이 강연의 만족도를 높인 것으로 보인다. 회원들이 강연을 통해 '나도 할 수 있겠다'라는 자신감을 얻은 것이 가장 큰 소득이라 할 수 있다.

강연을 계획할 때는 모임의 색깔에 맞는 책을 쓴 작가가 최우선이다. 이후 섭외 연락을 해서 날짜와 시간, 비용 등을 조율한다. 특별히 원하는 조건(책 준비 등)이 있는지 등을 미리 협의한다. 요즘은 작가들이 SNS를 활발히 하는 편이어서 연락처를 알지 못해도 메시지 등으로 섭외 연락을 할 수 있다. 그리고 강연할 좋은 장소를 찾아 예약하고 조건도 미리 살펴본다. 방음 상태나 마이크, 빔 등의 기기도 꼭 점검해두어야 한다.

강연 날에는 작가분이 강연장을 잘 찾을 수 있도록 안내한다. 참여자들에게는 미리 와서 들을 준비를 하도록 안내하고, 리더는 더 일찍 가서 준비를 해야 한다. 강연 중간마다 강사의 사진을 찍는 등 인증사진을 찍고, 필요한 것이 없는지 세심히 살핀다. 강의 후에는 참여자들의 후기를 받아 작가분께 전달하거나, 감사의 인사를 따로 드린다. 또한 참여했던 회원들과 시간을 마련해 강의에 관한 이야기를 듣고 미흡한 점을 다음에 보완할 수 있도록 참고하는 것이 좋다.

저자 초청 강연을 할 때마다 회원들의 만족도는 높았다. 책을 읽으며 궁금했던 저자의 생각을 바로 물어볼 수 있는 것도 좋았지만, 저자를 만난다는 것 자체에 회원들의 만족도가 높았다. 코로나로 인해 온라인 미팅이 활성화되고 저자를 직접 만나는 행사가 제약을 많이 받고 있지만, 그래도 저자와 독자가 직접 만나 눈을 마주치며 교감하고 직접 사인을 받는 것만큼 만족도가 높은 행사가 없는 것은 분명하다.

# 책과 영화의
상호작용

　　　　　　책을 읽으며 그림이 그려질 때가 있다. 특히 소설
은 인물과 배경, 사건이 머릿속에 그려지며 등장인물들에게 이입
되기도 한다. 인상 깊은 소설을 읽고 나면 이것이 영상으로 영화
화되면 머릿속에 그린 것과 얼마나 비슷할지 비교해보고 싶다는
생각이 든다.

　고등학생 때 학교 도서관에서 빌려본《태백산맥》은 한마디로
충격이었다. 괴물이라고 생각했던 북한군도 우리와 같은 보통의
사람이라는 것을 알게 되었다. 추운 겨울 산에서 숨어 지내거나
전투를 준비하는 모습을 그린 부분들은 소설의 재미를 느끼게
해주었고, 주인공에 대한 연민도 느낄 수 있었다. 그런데 그 소설
이 이미 영화화되었다는 것을 알게 되어 바로 동네 비디오 가게

로 달려갔다. 영상을 통해 본 태백산맥은 또 다른 충격을 주었다. 내가 그리던 주인공이 아니었으며, 긴 이야기를 짧게 줄여 생략된 부분이 많아 실망이었다. 그냥 소설로만 읽고 그 느낌을 아껴둘 것을 잘못했다고 크게 후회했다.

《82년생 김지영》도 책으로 읽고 영화로 확인한 작품이다. 이 책은 독서모임의 지정 도서였다. 모임에서 꼭 함께 읽으며 토론하고 싶은 책 중의 하나였다. '82년생'에 가까운 회원들은 마치 자신이 김지영이 된 것처럼 열띤 토론을 벌였다. 우리가 살아온 날들과 소설 속의 김지영의 삶은 비슷한 부분이 많았다. 김지영이 버스에서 만난 성추행범 이야기는 아직도 개선되지 못한 부분이다. 여자라는 성역할의 고정관념 속에서 살아가게 만드는 사회적 분위기가 예전에는 더 심했다는 것을 회원들 모두 공감했다. 다들 같은 시대를 살았으니 구구절절 공감이 되었다. 책 속의 김지영과 공통적으로 느낀 것, 김지영과 비슷하게 겪었던 것, 김지영과 또 다른 형태로 겪고 느꼈던 것, 모두 알고 있으나 말하지 못했던 것들에 대한 이야기가 끊임없이 쏟아져 나왔다. 물론 이건 아닌데 싶었던 내용도 있었다.

많은 사람이 공감하고 울분을 토했던 만큼 이 책은 곧 영화화되었다.

책을 읽고 모두 크게 공감했기에 모임 회원들과 함께 영화를 보았다. 우리 이외에도 여자들끼리 영화를 보러 온 경우가 많았는데, 김지영과 비슷한 세대인 것 같았다. 영화는 영상도 좋고 인물의 묘사도 좋았다는 평이 대부분이었다. 극장 내에 있던 사람들도 공감하며 금세 훌쩍거리는 사람이 많았다. 특히 김지영이 자신을 찾아가는 마지막 모습이 통쾌했다는 평이 다수였다. 그 모습이 나의 모습은 아닌지, 김지영을 통해 대리만족한 것은 아닌지 같은 영화를 보면서도 개인 상황이 다르기에 느낌도 미묘하게 다르게 다가왔을 것이다. 책을 읽고 독서모임으로 나누고 또 영화를 보니 마치 책을 세 번 읽는 듯한 느낌이 들었다. 내 머릿속에서 상상하며, 말하고 들으며, 영상을 눈으로 보면서 한 권의 책을 모든 오감을 동원해 읽는 느낌이었다.

칼 세이건의 《코스모스》를 읽고 이야기를 나눌 때 한 회원이 영화 한 편을 추천했다. 《당신 인생의 이야기》라는 소설이 원작인 영화 〈컨택트〉였다. 우주에 관한 이야기를 나누는 시간에 관련 영화들을 언급했는데 보지 못한 영화여서 관심이 갔다. 《코스모스》를 책으로만 접하면 어려울 수 있는데, 관련 영화들을 보거나 참고하니 더 잘 이해가 되었고, 회원들과 이야기를 끌어가는 것도 어렵지 않았다.

영화 〈컨택트〉는 우리가 모르는 존재와 소통하는 이야기를 다룬 영화여서 《코스모스》를 읽고 쌓은 지식에 상상력까지 더할 수 있었다. 영화 〈인터스텔라〉와 〈마션〉과 같은 이야기도 《코스모스》의 화성 부분인 '제5장 붉은 행성을 위한 블루스'에 나오는 내용을 이해하는 데 도움이 되었다. 가보지 못한 화성을 영화 장면을 토대로 그려보며 책에 나오는 화성과 비교하며 읽었다. 정말 화성에서 사는 날이 올지, 우리의 미래는 어떻게 될지, 사람들이 화성 여행 상품과 화성에 집착하는 이유가 뭔지 등등 나눌 이야기가 풍부했다.

한번은 모임에서 1970년대에 나온 소설《모모》를 읽고 이야기를 나눴다.

고대 작은 원형극장의 옛터에 가족이 없는 '모모'라는 아이가 나타난다. 마을 사람들은 그곳에 모모가 살 수 있는 터를 마련해 준다. 모모는 이야기를 잘 들어주는 능력이 있다. 싸우던 사람들도, 고민이 있는 사람들도 모모 앞에서 이야기를 하면 어느새 스스로 해결책을 찾게 된다. 어느 날, 마을에는 '회색 신사'들이 나타난다. 그들 때문에 시간을 낭비하지 않게끔 삶을 채찍질하는 사람들이 많아지고, 모모는 그런 회색 신사의 위험성을 알게 된다. 시간의 관리자인 호라박사와 그의 카시오페이아라는 거북이의 도움으로 회색 신사들을 따돌린 모모는 마을 친구들을 돕기 위해 나선다. 호라박사는 모모와 카시오페이아에게 시간을 지키는 중요한 임무를 준다. 결국 모모는 회색 신사들을 모두 소탕하고 그들에게 뺏긴 사람들의 시간도 되찾아준다.

우리는 책에 나오는 등장인물과 배경이 영상화되면 좋겠다는 이야기를 했는데, 한 회원이 이미 영화 〈모모〉가 있다고 했다. 유튜브에 있는 영화는 1986년에 제작된 것이었다. 마치 영화 〈E.T〉를 보는 듯한 느낌이 드는 그 영화는 각색 없이 책의 내용에 충실했다. 우리는 언젠가 최신 기술로 만날 영화 〈모모〉를 기대하기로 했다.

정유정 작가의 《7년의 밤》은 2011년에 출간되었는데, 나는 이 책을 뒤늦게 읽었다. 몰입도 있는 스토리와 촘촘한 짜임으로 어느 소설보다도 강한 흡입력을 느꼈다. 책을 읽으며 작품이 궁금해 검색을 해보니 영화로도 제작되었다. 소설의 배경이 되는 댐, 마을의 모습을 볼 수 있어서 좋았다는 후기가 많았다. 물론 인물에 대한 묘사나 이야기의 흐름이 소설과 100퍼센트 일치하지 않는 부분에 대해서는 아쉽다는 이야기도 있었다. 아직 영화를 선뜻 보지 못하고 있는데, 영상미 부분에서는 내가 상상했던 그 마을의 느낌을 눈으로 확인할 수 있지만 나머지 부분이 아쉬울까 봐 주저하고 있다. 너무 좋았던 책은 영화를 보기가 망설여질 때가 있다. 상상했던 인물, 상상했던 느낌을 간직하고 싶은 마음이 있기 때문이다. 그런데 한편으로 정유정 작가의 《완전한 행복》은 영화로 안 나오는지 궁금해진다.

살펴보면 책이 영화화된 작품이 매우 많다. 《해리포터 시리즈》,《먹고 기도하고 사랑하라》,《위대한 개츠비》,《나미야 잡화점의 기적》 등등. 책으로 읽으면서 상상했던 것들이 영상으로 재현되면 기대와 망설임이 교차한다. 내가 생각한 것과 일치하면 만족스럽지만, 생각과 많이 다를 때는 실망감이 크고 그냥 책으로만 보는 게 좋았다고 후회가 되기 때문이다.

그러나 어려운 고전을 읽을 때 시작하기가 어려워 관련 영화나 영상을 보고 전체 흐름이나 인물의 성격을 파악해 다시 책을 읽으면 이해하기 쉬워 큰 도움이 된다. 영상에 의존하는 책 읽기는 독이 될 수도 있지만 한편으로 책을 이해하는 데 도움이 되는 것도 사실이다.

# 독서인의 로망,
# 벽돌책 정복하기

───────  독서모임 회원들과 고전 읽기의 기초라고 할 수 있는 《논어》 읽기 모임을 했다. 모두 논어에 대한 흥미는 있지만 혼자 읽기가 쉽지 않아서 함께 논어를 읽으면서 필사를 하고 풀어나가면 보다 쉽지 않을까 라는 데 의견이 일치했다. 기존 모임 시간보다 조금 일찍 모여 논어를 나누고 본 모임을 진행했다. 그러다 보니 시간 배분이 원활하지 못해 기존 모임 운영시간이 줄어들었다. 주객이 전도되는 현상은 바람직하지 않아 논어 모임은 아쉽게도 길게 이어지지 못했다. 모임 자체는 좋았지만 같은 회원이라도 다른 성격의 책 모임을 할 때는 시간을 따로 구분해야 함을 알았다. 욕심을 내어 같이 운영하니 논어 모임도, 본 모임도 제대로 운영되지 못했다. 모임 운영에 대한 또 한 가지를 배우는

시간이었다.

논어 모임이 흐지부지되고, 두껍지만 궁금한 고전 또는 '벽돌 책'이라고 불리는 책을 읽어보고 싶었다. 벽돌책은 벽돌처럼 두꺼운, 보통 500페이지 이상의 책을 말한다. 벽돌책은 특히 혼자보다 같이 읽는 책친구가 있으면 힘을 내기 쉬울 거라 생각해 모임을 계획하고 모집했다. 기존의 회원 중에서 몇 분이 신청했고, 논어 모임과는 다르게 따로 모임을 만들고 모임의 이름도 지었다. 본 모임의 이름이 '독서나무'여서 독서나무의 파생 모임이라는 의미로 '독파'로 지었다. '독파'는 마침 '많은 분량이나 글을 처음부터 끝까지 다 읽는다'라는 뜻도 있어 벽돌책을 읽는 모임의 성격과도 잘 맞아떨어졌다.

평소에 모임에서 읽는 책도 있고 개인적으로 읽는 책도 있어서 무리하지 않고 상반기에 한 권, 하반기에 한 권을 읽기로 계획했다. 거창한 계획보다는 한 권을 제대로 읽어보자는 의견이 많았다. 궁금한 벽돌책이 많았는데 그중에 상반기에는 《코스모스》, 하반기에는 《사피엔스》를 읽기로 했다. 사실 시커먼 표지의 《코스모스》를 보았을 때 내심 숨이 막혔다. 언제 다 읽을 수 있을지 부담이 되고, 많은 사람이 말하듯이 베고 자기에 좋을 만한 두께였다. 대충 훑어보니 학창 시절 자주 이용했던 브리태니커 백과사전 같은 느낌도 들었다. 어쨌든 독서모임 지정 도서이니 읽을 수밖에 없었다. 《코스모스》 한 권으로 4번의 모임을 계획했다. 리더인 나는 다른 회원들보다 이해도가 높아야 하니 여러 번을 읽기로 했다. 두꺼운 책을 들고 다니는 것이 부담스러워 책을 네 묶음으로 분철했다. 분철한 책을 가지고 다니면서 4번씩 정독했고, 모임별 4개의 영상으로도 제작했다. 영상은 회원들이 책을 이해하는 데 도움이 되고자 하는 마음으로 찍었다.

한 번의 오프라인 모임 이후 코로나 상황이 심각해져 모임을 온라인으로 전환했다. 책은 뒤로 갈수록 이해도가 떨어져 과학 공부를 하는 마음으로 읽었다. "무슨 취미로 하는 독서모임 책을 공부하듯이 읽어?"라고 남편이 물어볼 정도였다. 그렇게 읽고 유튜브 영상으로 제작을 하면서 정말 많은 지식을 얻게 되었다. 모임을 진행하는 리더로서 어렵다고 건성으로 읽을 수는 없었다. 독서모임 리더는 다 못 읽거나 어려워하는 회원들을 이끌어야 하는 부담이 언제나 있다. 그러나 어렵지만 여러 번 읽어내는 모습을 보여주고, 할 수 있는 범위까지 이해하고 정리한다면 최대의 수혜자는 바로 리더 자신이라고 생각한다.

《코스모스》를 읽으며 가장 크게 깨닫게 된 점은 광활한 코스모스에서 우리 인간은 하나의 점보다 작다는 사실이다. 그래서 우리는 겸손해야 하며, 흐르는 시간 속에서 찰나의 순간을 차지하는 지금을 소중히 여겨야 한다고 회원들이 입을 모아 말했다. 사람의 인생처럼 별이 서서히 늙어가는 모습과 우리 신체를 구성하는 원자가 전부 별의 내부에서 합성됐다는 내용을 읽으며 별이 좀 더 친근하게 다가왔다.

벽돌책 정복하기를 통해서 혼자서는 힘든 책을 같이 끝냈다는 성취감, 읽어보고 싶지만 엄두가 나지 않던 책의 완독, 이런 책을 겁내지 않고 나도 읽을 수 있구나! 하는 자신감까지 모두 얻을 수 있었던 값진 시간이었다. 뒤로 갈수록 어려워서 다 못 읽은 회원도 있지만, 그래도 이런 책을 접해볼 수 있었다는 점에서 만족감이 높았다. 하반기로 계획했던 《사피엔스》는 코로나 상황이 심각해지면서 대면 모임 여부가 불투명해지고, 모임이 온라인으로 대체되었지만 상황이 다들 어수선하여 잠시 중단한 상태다. 하지만 한 번 해보았기에 언제든지 시작할 수 있다는 큰 자신감을 얻었다.

운영하는 온라인 경제 독서모임에서는 토니 로빈스의 《머니》를 읽었다. 책 한 권당 보통 2주의 시간을 배분하고 읽고 독서모임까지 진행한다. 《머니》의 분량은 800페이지 이상이어서 2주를 더 늘려 4주의 시간을 배분하고 모임을 진행했다. 온라인 모임이어서 단톡으로 읽은 분량을 계속 확인하고 줌 모임을 했다. 두껍고 글자 수도 어마어마한 경제 도서를 읽어나가며 사람들은 조금씩 희열을 느꼈다. '엄두가 나지 않던 책을 같이 읽고 완독까지 하게 돼서 뜻깊은 시간이었어요', '이 모임 덕분에 이런 두꺼운 책을 만나게 돼서 너무 좋네요'라는 회원들의 소감을 통해 만족감과 뿌듯함을 가득 느낄 수 있었다. 이 책은 경제 도서로 분류되어 있지만, 절반은 자기계발이라고 생각된다.

이 책은 《네 안에 잠든 거인을 깨워라》의 저자 토니 로빈스가 쓴 책이다. 자신의 경험과 최고 투자자 50명의 인터뷰를 통해 돈에 대해 이야기한다. 그는 먹을 것이 없을 정도로 가난해 남에게 도움을 받았던 어린 시절을 이야기하며, 돈의 가치에 대해서 말한다. 재무적 자유를 달성할 7단계 성공 방법을 알려주며, 원하는 삶을 살기 위해 돈의 역할을 어떻게 정하는지 말한다. 돈의 주도권을 잡기, 돈의 규칙 파악하기, 머니 게임의 승리 가능성을 높이기, 투자 결정 내리기, 평생 소득 계획 설계하기, 부의 거인들처럼 투자하기, 실행하고 나누기를 800여 페이지에 걸쳐 풀어낸다.

자기계발 강사인 저자의 이야기는 울림이 있었고, 매우 좋았다. 회원 한 분은 이 책을 들고 다니면서 만나는 사람 모두에게 이 책을 추천해 '머니 전도사'가 되었다고 한다. 선정한 도서가 좋다는 피드백을 받으면 리더는 그만큼 기분 좋은 일이 없다.

벽돌책은 아니지만, 온라인으로 고전을 함께 읽는 모임도 운영 중이다. 줌 모임 없이 단톡으로만 운영하는 고전 읽기 모임인데, 자신이 읽고 싶은 책을 읽고 이야기를 나눈다. 꾸준히 고전을 읽고 싶어 하는 사람들이 모임에 참여한다는 특징이 있다. 두껍지 않아도 쉽지 않은 고전을 읽으며 자신만의 '벽돌책'에 도전하는 것이다. 《은수저》, 《페스트》, 《분노의 포도》, 《호밀밭의 파수

꾼》,《나의 라임 오렌지나무》등 주옥같은 작품들을 매일 조금씩 읽으며 고전의 세계에 흠뻑 빠져들고 있다.

코로나19 이후로 온라인 독서모임 붐이 일어나며 자기계발 모임을 비롯해 다양한 독서모임이 생겨나고 있다. 그중에는 벽돌 책만 읽는 모임도 있다.《코스모스》,《사피엔스》,《머니》,《총, 균, 쇠》,《노자가 옳았다》등 벽돌책 중에는 독자들에게 검증된 명작 이 굉장히 많다.

난도 높은 고전이나 두꺼운 벽돌책을 읽기 힘들다면 독서모임 에서 함께 읽어보는 것이 한 방법이다. 토론하고 질문하면서 더 깊이 이해하게 되고 알아가게 된다. 힘들던 완독도 함께 뛰어주 는 사람이 있으면 완주할 수 있다. 벽돌책 페이스메이커가 필요 하다면 모임에 참여해보자. 경험에 의하면 어렵게 보이더라도 함 께 읽는 친구들이 있다면 못 읽을 벽돌책이 없다.

# 쓰기는 읽기에 대한 깊이를 더한다

———— "새해에는 글쓰기 공모전에 같이 응모해보는 건 어때요?"

한 해의 마무리를 지어가는 하반기에 한 회원이 이런 말을 던졌다. 주저하는 회원도 있었지만, 원하는 회원들 사이에서는 이미 공모전 준비가 시작되었다.

책을 읽는 인풋의 시간이 지속되면 어느 순간 그것을 아웃풋 하고 싶은 생각이 든다. 모임이 지속되며 몇 년간 책을 읽어온 회원들도 그 임계점에 다다른 것이다. 시간의 차이는 있지만 계속 읽으며 독서 습관이 잡힌 사람이라면 누구나 쓰고 싶다는 욕망이 생긴다. 독서모임에서도 글쓰기를 하고 싶어 하는 회원이 많았다. 글쓰기에 대한 강좌를 듣는 사람도 있었고, 이미 혼자 쓰고 있는 사람도 있었다.

글쓰기 공모전에 응모하기로 한 뒤부터 리더인 내가 할 일은 괜찮은 공모전이 뜨면 단톡방에 공유하는 일이었다. 공모전 사이트를 자주 참고했고, 지역에서 하는 글쓰기 공모전도 유심히 살폈다. 도서관은 매년 글쓰기 공모전이 열려 때를 맞춰 정보를 얻어 공지했고, 지역 은행 또는 신문사에서 주최하는 글쓰기 공모전도 공유해서 올렸다. 꾸준히 쓰는 사람이 늘어났고, 입상하지 못해도 공모전 응모는 계속되었다. 글쓰기 공모전 참여 횟수가 늘어남에 따라 좋은 소식도 생겼다. 한 회원이 시에서 주최한 글쓰기 공모전에서 일반부 장원에 당선된 것이다.

모임에서 글쓰기가 확산되면서 함께 쓰는 프로젝트를 기획했다. 공저 쓰기를 계획하고 회원들에게 제안할 기획서를 작성했다. 주제와 내용, 분량, 목차를 기획하고 회원들에게 함께 써보자고 권유했다.

매주 일요일 오전, 카페에서 함께 글쓰기를 했다. 참석하지 못하는 회원들은 이메일로 파일을 주고받았다. 개인별 이야기를 토대로 작은 목차를 만든 뒤 초고를 3개월 동안 쓰고 2개월 동안 다듬었다. 원고를 투고해 《엄마, 책으로 숨쉬다》라는 책을 출간하는 결실을 맺었다.

처음에는 못 하겠다고 한 회원도 있었다. '내가 무슨 글을 써'라고 주저했지만, '다 같이 할 때 해보자!'라는 다른 회원들의 독려로 모두 함께 갈 수 있었다. 글은 처음 쓸 때가 가장 힘들다. 어떻게 써야 할지 너무 막막한데, 일단 쓰기 시작하면 쓰면서 글이 써지는 부분이 있다. 비록 소설 창작론이기는 하지만 글쓰기의 고전이라 할 수 있는 스티븐 킹의 《유혹하는 글쓰기》를 보면, 그는 글쓰기를 '화석 발굴'에 비유한다. 흘러가는 대로 쓰다보면 이야기가 이야기를 만들어내며 완성을 향해 나아간다는 것이다. 우리도 처음에는 힘들고 헤맸지만, 쓰고 덧붙이고 다듬으며 우리가 생각했던 것보다 더 좋은 결과물을 만들어냈다. 써보니 스티븐 킹이 말한 "글쓰기란 화석 발굴과 같다"는 의미가 무엇인지 깊이 이해할 수 있었다.

전국적으로 독서모임이 활성화되며 여러 명이 함께 쓰는 공저도 많아지는 것을 볼 수 있다. 모임에서 책을 낼 때는 글쓰기를 이끌어줄 리더가 필요하다. 나는 이전에 책을 쓴 이력이 있고 회원 중에는 글쓰기 수업을 듣는 분, 꾸준히 글을 쓰는 분들이 있어 우리가 주축이 되어 처음 쓰는 회원들을 이끌어주었다. 독서모임들 중에는 회원 중에 공저 신청자를 받아서 일부만 진행하는 경우도 있다. 글쓰기에 대한 의욕이 있는 사람들과 진행한다면 속도가 더 빠를 수 있다. 대신 참여하지 않는 사람들이 소외감을 느끼지 않도록 주의할 필요가 있다.

초고를 모아 글을 다듬을 때는 글을 잘 쓰는 회원에게 퇴고 작업을 맡겨야 작업이 빠르고 효과적으로 진행된다.

읽기를 넘어 쓰기 단계로 나아가니 책을 읽는 깊이도 더해졌다. 글을 써봤기 때문에 알 수 있는 깊이는 책을 읽을 때 큰 도움이 된다. 만약 글을 쓰고 싶은 마음이 간절하다면 독서모임으로 책친구를 만들고, 그중에서 마음이 맞는 책친구들과 함께 책을 쓰고 출간하는 것도 좋은 방법이다. 글은 쓸 때마다 어려운 것은 사실이지만, 첫 번째 책을 내고 나면 글쓰기에 대한 공포감을 없앨 수 있는 것은 분명하다.

# 책을 통해 만나고
# 건전한 삶을 함께 누리기

———————— "이 책 읽어봤어요?"

모임에선 항상 새로운 책이 등장한다. 신간도 있지만, 우리가 잘 알지 못하는 구간도 매우 많다. 미처 몰랐던 좋은 책을 소개받을 때면 마치 보물을 발굴한 기분이다. 책을 좋아하는 사람들이 모이니 좋은 책을 더 많이 알게 되는 이점이 있다.

한번은 배우 하정우 씨가 책을 냈다고 누군가 소개했다. 하정우 배우가 책을 낸 것에 놀랐지만, 더 놀란 점은 그것이 '걷기'에 대한 책이라는 것이다. 《걷는 사람, 하정우》라는 책이었는데, 제목만 봐도 마치 내용을 본 것 같은 느낌이었다. 하루에 3만 보, 가끔 10만 보를 걷는다는 그는 비행기를 타기 위해 서울에서 김포공항까지 8시간을 걸은 적도 있다고 한다. 그는 일반 직장인과는 달리 시간이 많으니 그만큼 걸을 수 있는 거 아니냐고 말하는 사람도 있었다. 틀린 말은 아니지만, 책을 읽어보면 그가 걷기를 위해 일부러 시간을 낸다는 것을 알 수 있다. 그는 직업상 일이 많을 때도 있지만 아예 없을 때도 있고, 언제 어떻게 캐스팅될지 모르기에 직장인보다 더 열심히 운동을 하며 기다린다고 한다.

그보다 몇 달 앞서 나온 《마녀체력》이라는 책이 있다. 저질 체력의 출판편집자인 이영미 작가가 마흔이 넘어 트라이애슬론을 하기까지의 고군분투하는 내용을 담은 책이다. 저자의 운동 전 모습과 비슷한 엄마들이 읽으며 크게 공감한 이야기였다. 이 책을 읽고 가정과 일을 위해 '나도 저렇게 운동을 해봐야겠다'라고 의지를 불태우게 되었다. '마흔, 여자가 체력을 키워야 할 때'라는 부제는 의무감마저 들게 한다. 마흔을 바라보거나 마흔을 넘겼거나, 어쨌든 체력을 키워야 할 때라고 하는데 정말 맞는 말이다.

이 두 권의 책 모두 당시 베스트셀러 도서여서 지정 도서로 선정하기도 전에 회원들 모두 읽은 상태였다. 이후 이 책으로 인해 걷기를 시작하는 사람들이 생겼다. 비슷한 시기에 1만 보를 채우고 포인트를 쌓는 앱도 유행하기 시작해 모임에서 본격적인 걷기가 시작되었다. 하루 1만 보를 목표로 걸었던 인증사진이 올라오기도 했다. 동네에서 걷기를 하거나 공원을 산책하다가 나아가 산을 오르는 회원도 생겼다.

이렇게 주위에서 걷기 열풍이 불자 나도 걷기에 진심이 되어 하정우 씨가 걸을 때 손목에 착용했다는 웨어러블 기기를 샀다. 매일 차고 다니며 내 걸음 수가 얼마나 되는지 확인했다. 아는 작가분이 온라인으로 진행하는 '걷독'이라는 곳에도 가입했다. 걷기와 독서를 인증하는 곳이었다. 참여하는 분들은 기본 1만 보를 걷는데 나는 한참 모자라 걸음 수를 늘리려고 퇴근하고 집까지 일부러 길을 돌아오기도 했다. 또한 점심시간에 나가서 걷고, 저녁 먹고는 아이들을 데리고 산책을 했다. 아는 작가분이 달리기를 시작하는 모습을 보고 나도 달리기를 시작했는데 너무 힘이 들어 포기할 뻔했지만, '1분 뛰고 5분 걷기'라는 팁을 알려주어 걷기와 뛰기를 함께 했다.

그러던 중 창원지역에서 민주화 운동의 달을 기념한 걷기 대회가 열린다는 소식을 접했다. 제일 먼저 독서모임 단톡방에 소식을 알렸다. 주말이어서 가족과 함께 대회 참가 신청을 하는 회원이 많았다. 코로나 상황으로 인해 시간대별 선착순으로 접수할 수 있었다. 같은 날, 같은 시간에 만나는 회원들은 함께 걸었다. 왕복 두 시간을 걸으며 멋진 경치를 즐길 수 있었고, 각자의 가족과 좋은 추억을 남길 수 있었다.

이제는 '걷기'라는 행사가 눈에 띄면 '독서모임에 알려줘야지'라는 생각이 가장 먼저 든다. 행사는 대부분 주말에 있어 각자의 가족들과 함께 참여하기에도 좋다. 관심을 갖고 보니 걷기 대회가 많이 개최된다는 사실을 발견했다. 코로나 때문에 비대면으로 대회를 운영하는 곳이 대부분이다. 이후 수목원 걷기 대회, 팔용산 걷기 대회에 이어 비대면 마라톤까지 회원들과 함께 참여하게 되었다. 걷기 대회에 참석하지 못하는 회원들도 대부분 매일 걷기를 하고 있다. 코로나 이후로 제일 쉬운 운동이 '걷기'가 되었다. 밀폐된 공간이 아니어서 남들과 부딪힐 염려도 없고, 내가 할 수 있는 시간에 자유롭게 할 수 있는 운동이기 때문이다.

꾸준한 걷기를 통해 우울증이 완화되었다는 분도 있고, 다른 질병도 다스릴 수 있게 되었다고 하는 분도 있다. 날씨가 더워도 추워도 일정한 시간을 걸으며 앞으로 한 발 한 발 내딛는 것이 마치 우리 삶과도 비슷하다. 어느 책의 저자는 아이와 싸우고 나면 나가서 걷고 들어오라고 추천한다. 앞으로 나아가는 것은 과거가 아닌 현재와 미래를 향해 내딛는 것이라며 잡념을 없애주고 생각을 정리해주는 효과가 있다고 말하며, 싸운 것은 과거이니 문제를 풀기 위해 앞으로 나아가라고 조언했다. 이처럼 걷기는 큰돈이 드는 것도 아니고, 특별한 무엇이 필요한 것도 아니지만 많은 것을 해결해 주는 만병통치약과도 같다.

《걷는 사람, 하정우》에서 하정우 씨는 함께 걷는 친구들과 독서모임도 한다고 밝혔다. 우리는 독서모임을 하는 책친구들과 함께 걷고 있다. 우리가 읽은 책을 계기로 시작된 각자의 걷기가 '함께 모여 걷기'로 자연스럽게 이어졌다. 자연에서 만나 얻는 새로운 활력과 유대감은 책을 읽고 나눌 때의 그것과는 확실히 다르다.

만약 걸으며, 산을 오르내리며 책 이야기도 나눌 수 있는 친구가 필요하다면 독서모임에서 찾아보길 추천한다. 독서모임은 책을 통해 친구를 만들고, 마음 맞는 친구들이 다시 다양한 활동으로 함께할 수 있는 곳이다.

# 함께 사회문제를 고민하고
해결책을 실천하기

코로나로 인해 집에서 머무는 일이 많아졌다. 어른들은 재택근무, 아이들은 온라인 수업으로 집에서 머무르는 시간이 길어졌다. 갑자기 집은 내가 쉴 수 있는 공간과 업무를 볼 수 있는 사무적인 공간 등 여러 가지 역할을 하게 되었다. 그래서 '레이어드 홈'이라는 말도 생겨났다. 사람들이 집에 머무는 시간이 많아지면서 가전, 가구의 판매량이 늘었다고 한다. 여행이나 외식 등 집 밖에서 쓰던 돈이 집 안으로 몰리는 것이다. 집을 홈 카페로, 나만의 공간으로 만드는 경우도 많아졌다. 코로나 때문이 아니더라도 사람들은 언제나 집에 관심이 많았다. 계절이 바뀔 때마다 가구의 배치도 바꾸고 새로운 가구를 넣거나 벽지를 새로 바르는 등 변화를 주고 싶어 한다.

집을 변화시키기 위한 첫 번째는 무엇을 새로 사는 것이 아니라 바로 집 안에 있는 것을 비워내는 일이다. 일본에서는 동일본 대지진 이후 '미니멀 라이프'가 유행했다. 지진으로 인해 물건이 위험한 것이 될 수 있고, 짐이 될 수 있다는 인식을 했기 때문이다. 최소한으로 필요한 것만 남기고 사는 사람들이 많아지면서 관련 책도 크게 증가했다. 그래서 '미니멀 라이프'나 '정리' 또는 '비우기'에 대한 책은 일본 저자의 책이 많다. 최근 들어 우리나라 저자들의 책도 많아졌다. 우리나라의 집 구조와 생활환경, 정서에 맞는 미니멀 라이프는 그만큼 더 공감이 가고 생활에 적용하기도 쉽다.

우리 독서모임의 2020년 새해 첫 지정 도서는《이대로는 안 되겠다 싶은 순간 정리를 시작했다》라는 책이었다. 정리컨설턴트인 윤선현 작가는 "정리를 못 하는 가장 근본적인 이유는 자기 자신을 진정으로 사랑하지 않아서"라고 말한다. 엄마로서 대부분의 가사일을 맡아서 하는 회원들에게 많은 공감을 얻고 노하우를 준 책이다. 이 책을 읽고 '비우기'를 시작한 분이 많다. 약속하고 시작하진 않았지만, 각자의 SNS에 비우기를 기록하고 변화하는 집과 자신의 마음을 글로 남기기도 했다. 나도 '비움 프로젝트'를 운영하며 가득 찬 집을 정리했다. 회원 중 한 분은 이 계기를 통해 비우고 정리하는 재능을 발견하고, 이후 공간크리에이터가 되어 1인 기업가가 되었다.

《두 번째 지구는 없다》는 코로나로 인해 기후 위기가 심각하다는 것을 알게 되고 나서 독서모임의 책으로 선정했다. 환경에 관한 책이라면 이미 자유 도서 시간에 다양한 책을 접했다. 그때와 다른 점이 있다면 당시에는 환경문제에 관심이 많은 소수가 있었다면, 지금은 대다수가 환경문제를 심각하게 보고 있다는 것이다. 이미 비우기와 미니멀 라이프, 정리에 관한 책을 통해 물건과 삶에 대해서 생각하고 고민한 회원들에게 환경에 관한 책은 더 심화된 주제였다. 이 책에서는 "기업에 소비자들이 계속 개선 요구를 하고, 친환경이 아닌 기업의 제품을 사지 않는 움직임이 필요하다"고 말한다. 또 기업과 정부가 나서면 더 빠른 효과를 낼 수 있다는 것을 알려준다. 어떻게 하면 환경에 해가 되지 않는 물건을 사용할지 고민하고, 쓰임이 다한 물건을 해가 되지 않게 배출하는 방법은 어떤 게 있을지 생각해 보게 한다. 모임에서는 제로웨이스트에 대한 책도 소개되고, 《무소유》에 나온 인연을 함부로 맺지 말라는 법정스님의 말씀도 이야기되었다.

우리 모임은 엄마들이 주를 이루는 독서모임이다 보니 아이들의 물품을 물려주고, 물려받는 일이 많다. 책, 옷, 신발 등 연령대가 다양한 아이들의 물품들을 따로 아나바다 장터를 마련하지 않아도 주고받는다. 미니멀 라이프, 정리, 환경에 관한 책을 읽고 나눈 엄마들이니 자연스레 가능한 일이다. 외부 기관에서 운영하는 환경보호 프로젝트에도 함께 참여하면서 이런 활동이 점점 더 생활화되고 있다. 카카오 프로젝트 100의 줍깅 프로젝트, 도토리 방범대 등 함께한 프로젝트를 통해 쓰레기를 줍고 텀블러를 사용하며 고기를 먹지 않는 등의 경험을 공유하고 있다.

관련 책을 읽고 비우기를 실천하면서 아직 사용 가능한 물건들이 주인을 찾지 못하면 마음이 쓰인다. 그래서 독서모임이나 지인에게 나누지 못한 물건들을 어떻게 처리할지 고민했다. 예전에는 맘카페에서 판매를 하거나 무료 드림을 했다. 맘카페 이용자는 주로 아이가 어린 젊은 엄마가 많다. 최근에는 당근마켓이나 번개장터와 같은 앱이 활성화되어 다양한 연령대와 동네에서 거래가 가능해졌다. 그래서 여러 루트를 통해 물건을 저렴하게 판매하기 시작했다. 하나씩 비워내면서 판매수익은 내 '꿈 통장'에 넣었다. 천 원, 이천 원 등 작다고 생각되던 돈이 모이니 통장은 어느새 두둑해졌다. 그런 경험을 다듬어 전자책을 쓰기도 했다. 비워내는 일이 중고 판매와 전자책 수익으로까지 연결된 것이다. 바람직한 수익 창출이라 여겨 많은 사람에게 전파하고 있다.

엄마 독서모임이 아니라 일반 독서모임이라도 환경, 정리에 관한 책을 읽고 관련 활동을 해보는 것을 추천한다. 물건을 정리하면서 필요한 분들에게 적은 돈으로 판매하고 판매수익을 기부하는 활동까지 연결하면 보람을 느끼게 된다. 또한 내겐 필요 없는 물건이지만 누군가에게는 필요한 물건이 될 수 있다. 이전에는 집 정리를 위해 무조건 버리기만 했지만, 책과 활동을 통해 재활용과 나눔을 통한 비우기 방법을 고민해보고 내게 꼭 필요한 것만 채우는 방법을 배우게 되었다. 환경도 살리고, 집도 깨끗해지고, 더욱이 꼭 필요한 것만 구입하니 돈도 아끼는 일석삼조의 생활로 점점 변해가고 있다.

우리에겐 나 혼자 살고 마는 세상이 아니라 우리 아이들이 살아가야 할 깨끗한 지구를 만들어야 하는 책임과 의무가 있다. 더욱이 갈수록 기후위기, 식량위기가 심각해지고 있고, 코로나 등 생각지도 못한 질병이 끊임없이 이어지고 있다. 이제는 이러한 문제들이 먼 미래의 위기가 아니라 지금 진행되고 있고, 앞으로 갈수록 심화될 것이다. 지식을 추구하고 지향하는 독서모임의 역할 중 하나는 문제의식을 끊임없이 상기하고 해결방법을 모색하며, 나아가 함께 행동하는 것이라 생각한다.

## 독서모임 후기가 모이면
## 활동의 역사가 된다

혼자서 책을 읽을 때도 블로그에 후기를 바로 올려 정리를 했었다. 독서모임을 만들고 나서는 독서모임 관련된 모든 이야기를 블로그에 올렸다. 독서모임에서 돌아오면 바로 후기를 썼고, 아무리 바빠도 하루 이틀 안에는 꼭 쓰려고 노력했다. 그래야만 모임에서 나눈 이야기가 머릿속에 생생히 떠올랐다. 모임을 하면서 다른 사람들의 이야기를 노트에 적기는 하지만 완벽하게 적을 수는 없는데 우리가 나누었던 이야기는 생생하게 머릿속에 남아 있어서 최대한 빨리 후기를 쓰려고 했다. 그렇게 쌓인 모임 후기가 세 자릿수를 넘고, 4년 여 시간 동안 함께 읽은 책이 몇백 권에 이른다. 모임이 지속될수록 우리가 함께 만들어가는 이야기와 함께 읽어내는 책의 권수는 계속 늘어나 콘텐츠들이 어마어마하게 쌓여갈 것이다.

　독서모임의 마무리는 사진 찍기다. 함께 읽은 책을 남기거나 책을 들고 단체 사진을 찍기도 한다. 그것은 모임 단톡방에 우선 공유한다. 얼굴이 공개되는 것을 싫어하는 회원도 있는데, 그럴 때는 블러 효과(대상을 뿌옇게 만드는 것)를 쓰면 된다. 사진을 찍는 것은 그날의 기록을 다른 형태로 남기는 것이다. 그런데 사실 또 다른 이유도 있다. 모임에 불참한 회원들에게 오늘 모임이 얼마나 즐겁고 유익한 시간이었는지 호기심을 유발하기 위한 것이다.

　찍은 사진은 먼저 단톡방에 공유하고, 다음으로 개인 블로그에 모임 후기를 올린다. 책의 내용을 따로 적지 않고 나눈 이야기만 적어둔다. 책의 후기가 아니기 때문에 나눈 이야기만 적어두어도 그 책에 관한 이야기를 알 수 있다. 그렇게 정리한 글을 모임 밴드에도 공유해서 올려두면 언제든지 모임 후기를 볼 수 있다. 밴드는 비공개로 설정해두어 회원들만 나누는 곳으로, 우리끼리 책 추천을 하기도 하고 모임 후기를 보며 이야기를 나눌 수 있는 공간이다.

　《대통령의 글쓰기》로 유명한 강원국 작가의 《나는 말하듯이 쓴다》의 제목처럼 모임 후기도 말하듯이 쓰면 된다. 어떤 책을 선정했는지, 그 책의 첫인상은 어땠는지, 주인공을 바라보는 내 생각은 어떤지 등을 옆 사람에게 말하듯이 쓰면 된다. 모임에서 주고받은 내용들, 어떤 이야기가 오고갔는지를 적는다. 자신의 글이 매끄러운지 살펴보는 방법으로 그 글을 읽어보라고 한다. 소리 내어 읽어보며 말하듯이 쓰도록 한다. 모임 시간에 서로 말한 내용을 쓰는 것이므로 쉬울 것 같지만, 정리가 필요한 작업이므로 쉽지 않다. 처음에 한 번 쭉 나열해서 쓰고 비슷한 것끼리 묶어주는 작업을 한 번 더 한다. 블로그에 나열해서 써놓고 다시 읽어보면 편집하기도 쉽다. 그렇게 정리하고 다듬으면 모임 후기는 끝이다.

모임 후기를 지속해서 쓰면서 글쓰기와 요약 정리하는 연습이 되었다. 후기를 쓰기 위해서는 사람들의 이야기를 허투루 들을 수 없기에 집중해서 듣고 중요한 부분을 체크해놓는다. 자꾸 쓰다 보면 모임 노트를 펼쳤을 때 어떤 이야기를 중심으로 후기를 써야 하는지 머릿속에 저절로 정리가 된다. 이것이 바로 연습의 힘이다. 자주 쓰고 고치고 하다 보면 쓰기의 근력이 생긴다.

나는 내가 운영하는 모임이기 때문에 후기를 꼭 쓰고 있지만, 모임에 참여하는 사람도 '나만의 모임 후기'를 쓰면 분명 도움이 될 것이다. 그것은 자신의 활동, 성장의 모습을 기록하는 의미를 갖고 있다. 마치 일기처럼 모임 갈 때의 기분, 모임에서 나눈 책, 이야기, 모임의 분위기와 끝난 후 나의 감정까지 기록해보는 것도 좋다. SNS에 올리는 것은 꾸준히 쓰게 되는 원동력이 된다.

후기를 잘 쓰는 팁 중의 하나는 바로 머릿속에서 생생할 때, 즉 모임 후에 바로 쓰는 것이다.

## 관심 분야 활동과
## 자기계발 함께하기

　　　　　　　새로운 회원이 오면 독서모임에 오게 된 이유를 꼭 들어본다. 나처럼 아이 엄마들의 모임이 맞지 않거나 삶에 자극이 필요한 분, 책이 좋은 건 알고 있는데 꾸준히 읽을 수 없었던 분, 육아 이외의 삶에서 의미를 찾기 위한 분 등 사연은 가지각색이다. 모임에 온 이유는 각자 다르지만 목적은 결국 책 읽기로 귀결된다.

　독서모임에 참여하는 회원들을 보면 행동력을 갖추고 있다는 공통점이 있다. 아는 사람 하나 없이 낯선 사람이 있는 곳에 참여하는 용기와 책을 읽고 이야기를 하는 곳에 참여하는 실행력이 있기 때문이다.

　책을 읽는 엄마들이 모이면서 자녀교육은 기본이 되었지만,

엄마이기 이전에 자기자신을 찾고 싶어 모임에 참여하는 사람도 많다. 내가 무엇을 잘하고 좋아하는지 탐색하고 고민하는 시간을 갖고 그것을 찾고 다듬어가는 사람도 있다. 모두 행동력을 갖춘 사람들이 모이고 함께 책을 읽으며 지식을 쌓게 되니 더 나은 삶을 설계하게 된다. 책을 읽는 행위도 하나의 자기계발이지만, 더 나은 삶을 살기 위한 탐색도 자기계발이다. 나보다 앞서 길을 가고 있는 선배들의 이야기를 듣는 강연도 마찬가지다.

독서모임의 회원들은 읽는 것을 넘어 책 쓰기에도 관심이 많다. 그리고 읽다 보면 결국 쓰기에 대한 욕심이 생길 수밖에 없다. 우리 모임도 공저를 출간하면서 책 쓰기에 더욱 관심이 높아져 더 많은 이야기를 쓰게 되었고, 책을 내고 싶어 하는 회원이 늘어났다. 그런 회원들과 함께 《일상과 문장 사이》 등 다수의 책을 내고 출간 프로듀서로 활동하고 있는 이은대 작가의 특강을 들었다. 일일 특강을 할 때마다 몇 명의 회원이 함께 참석했고, 이은대 작가를 초빙한 특강에 많은 인원이 참석하기도 했다.

자녀교육으로 유명한 이미애 작가의 강연도 함께 들었다. 이미애 작가의 《오늘 엄마가 공부하는 이유》를 함께 읽고 토론을 했었기 때문에 저자의 이야기가 더욱 궁금했다. 결혼 후 12년 동안 전업주부로 생활하며 아이들과 함께 공부하는 엄마로 유명했던 저자는 40대 후반의 나이에 교육 컨설턴트로 제2의 인생을 시작했다. 그녀는 서른 넘어서의 공부가 진짜 공부라고 여기며

절박함을 가지고 아이 양육 10년 이후의 삶을 준비했다. 이 책은 엄마가 매일 공부해야 하는 이유, 어떤 공부를 해야 하는지를 알려주고 있다.

자녀도 잘 키우고 엄마도 공부하며 성장한 이야기를 직접 듣고 싶다는 생각에 강연을 기획했다. 잘 키운 자식을 둔 선배 엄마의 이야기는 엄마들에게는 마치 경전과도 같다. 이미애 작가는 "사람들은 수능 만점, 대기업, 행시 합격 등의 결과만 보지만 그 과정을 눈여겨보지 않아요. 아이의 유아기부터 성인이 될 때까지 엄마가 포기하지 않도록 주의해야 합니다"라고 강조했다.

사실 좋은 강연이 있을 때 함께할 수 있는 '성장 메이트'는 친한 친구들은 아니다. 서로 관심사가 다르기 때문이다. 대신 독서 모임으로 만난 책친구들이 성장 메이트가 되어준다. 책으로 이야기를 나누다보면 비슷한 성향의 사람들이 더욱 눈에 들어오게 되고 사적인 만남으로 이어지기도 한다. 그런 사람들과 듣고 싶은 강연을 함께 들으면 강의 후기가 더 풍성해지고 동기부여도 된다.

책 육아에 전혀 관심 없는 사람과 함께 책 육아 자녀교육 강의를 들으러 간 적이 있다. 자녀교육 강의라고 하니 '시간도 되니 한번 가볼까?' 해서 같이 참석했다. 강연에 미리 가서 강연 들을 준비를 해야 하는데 지각생으로 들어갔다. 같이 간 지인은 강의에 계속 집중하지 못하고 '애가 똑똑하니까 그렇겠지', '엄마가 시간이 되니까 그렇겠지'라고 회의적인 반응을 보였다. 강연이 끝나고도 강연 이야기를 나누기보다는 그녀의 사적인 이야기를 들어주기에 바빴다.

그런 경험을 한 뒤로 만약 함께 참석할 사람이 없으면 강연에 혼자 참석했다. 혼자 참석하면 온전히 강연에 집중할 수 있고 여운을 느낄 수 있어 관심이 없는 사람과 함께 가는 것과 비교도 되지 않을 정도로 좋았다. 공통 관심사가 있고 필요한 강의를 위해 일부러 시간을 내는 사람들은 우리 삶에서 참 소중한 사람들이다. 그런 사람이 많을수록 성공한 삶이라는 생각이 든다.

독서모임에서 이런 친구들을 만나게 되니 더없이 좋았다. 주로 혼자서 하던 것을 강연을 함께 참석하고 책 이야기를 끊임없이 나눌 수 있게 되니 삶에서 천군만마를 얻은 기분이었다. 독서모임은 책친구를 만드는 것 이외에도 같은 관심사와 성향을 가진, 삶을 풍요롭게 해주는 친구를 가져다준다는 점에서 그야말로 다다익선이다.

# 아이와 함께하는
책읽기의 교육적 효과

아이를 키우면서 항상 다짐하는 것이 있다. '아이만 바라보는 엄마가 되지 말고, 엄마의 등을 바라보는 아이로 키우자.' 아이를 등지고 있다는 뜻이 아니다. 아이만 쫓아다니며 필요한 것을 척척 꺼내주는 '매니저맘'이나 '헬리콥터맘', 엄하게 대하는 '타이거맘'이 되고 싶지 않다는 말이다. 엄마는 엄마가 원하는 일과 공부를 하고, 그런 엄마를 보며 자연스레 배우고 자라는 아이로 키우고 싶다는 생각이다.

가수 이적 씨의 어머니 박혜란 작가는 《믿는 만큼 자라는 아이들》에서 공부할 것을 식탁에 펴놓고 있으면 아이들도 공부할 거리를 들고 엄마 옆에 앉았다고 말한다. 그녀는 막내가 고3이 되는 해에 아이들을 두고 유학길에 오른다. 주변 사람들은 그녀를 이상한 엄마라고 말했지만, 그런 엄마의 모습을 보면서 아이들은 자립적으로 자랐고, 아들 삼형제 모두 서울대에 들어갔다.

내가 엄마를 위한 독서모임을 만들 때도 그런 생각이 깔려 있었다. 아이 교육을 위한 독서모임이 아니라 엄마 자신의 성장과 힐링을 위한 모임으로 만들고 싶었다. 책 읽는 엄마의 모습을 보며 자라는 아이들은 함께 읽을 수 있다. 읽지 않더라도 무의식중에 '우리 엄마는 책 읽는 사람'이라는 이미지가 남겨지게 된다. 책을 구하려고 도서관이나 서점에 가는 모습만이라도 꾸준히 보여줄 수 있다면 그 자체로 효과가 있다. 아이는 엄마의 모습을 통해 자연스럽게 책과 친해지게 된다.

엄마 독서모임이 3년째 되던 해부터 책 읽는 엄마를 보고 자란 아이들과도 모임을 만들고 싶었다. '어린이 경제 보드게임 모임'은 공식적인 모임은 아니었지만 대부분 내가 운영하는 독서모임 회원들의 자녀들로 구성된 모임이었다. 《부자 아빠 가난한 아빠》를 읽고 마련한 '캐쉬플로우'라는 보드게임이 있다. 이 게임은 《부자 아빠 가난한 아빠》의 저자 로버트 기요사키가 직접 개발한 보드게임이다. 직장인과 사업가 등 여러 가지 직업을 선택할 수 있고, 부동산이나 주식 등을 사고팔며 쥐트랙(현실에서 월급을 받으며 똑같은 삶을 지속하는)을 탈출해 경제적 자유인이 되는 체험을 해보는 게임이다. 우리나라에서 이 게임을 플레이하는 법을 알려주는 강의가 있을 정도로 많은 사람이 관심을 갖고 게임을 즐기고 있다. 아이들에게는 생소한 내용일 수 있지만, 게임을 하면서 주식과 부동산, 직업선택에 관한 간접경험을 해볼 수 있다. 이 게임을 하고 나면 아이들과 쉽게 회사의 주식에 대해서, 부동산의 가격에 대해서 이야기를 나눌 수 있다는 장점이 있다.

아이들과 함께하고 싶어 독서모임에서 이야기가 나왔고, 팀을 만들었다. 한 팀당 2주에 걸쳐 다양한 보드게임과 캐쉬플로우까지 난이도를 조절하며 플레이를 했다. 아이들에게 사기 증진을 위한 간식을 제공하고, 미리 참가비로 받은 돈만큼 도서상품권으로 우수상을 주었다.

아이들은 본인의 형제자매 이외의 낯선 친구들과 만나서 게임을 하느라 진지하게 임했고, 보드게임을 통해 경제 개념을 쉽게 배우는 기회가 되었다. 부모들은 온 가족이 모여 집에서 간단하게 할 수 있는 보드게임 종류를 알게 되었고, 혼자서는 접할 수 없는 게임을 해보는 좋은 기회가 되었다. 아쉬운 점은 부모와 아이들을 모두 수용해 보드게임을 충분한 시간 동안 즐길 수 있는 넓은 공간의 섭외가 힘들었다는 것이다.

또 진행하고 싶은 어린이 모임이 한 가지 있다. 바로 '어린이 독서모임'이다. 책 읽는 엄마들의 아이들이라면 일단 엄마(보호자)의 동의는 얻은 거나 마찬가지다. 한번은 엄마가 독서모임으로 자주 자리를 비우는 것을 본 첫째가 "나도 엄마처럼 독서모임을 해보고 싶어요"라고 말했다. 아이는 학교 도서관에서 운영하는 독서동아리에 참가하고 있지만, 주로 독후 활동이 대부분이다. 방학 중 도서관 독서캠프에도 참가하고 있는데, 독후 활동은 비슷하다. 엄마가 하는 독서모임은 이런 방식으로 한다고 알려주니 아이는 큰 흥미를 보였다. 어린이 독서모임으로 모르는 아이들을 모으는 것보다는 회원들의 자녀들을 모아서 함께하면 더 효과적일 것이다. 단, 나이대가 다양해서 어떻게 아이들을 분류해야 할지가 관건이다.

우리 조상들의 교육법인 조선의 교육법을 소개하고 있는 김미라 작가의 《조선의 밥상머리 교육》을 보면 머리말에서 이렇게 말한다. "대학에서 학생들을 가르치는 교육자로서 또 한 아이의 엄마로서 미래를 짊어질 우리 아이들에게 행복지수를 높여주기 위한 교육 방법을 찾고자 하는 열망을 안고 몇 년간 전국에 있는 종가를 찾아다니며 자녀교육을 연구한 적이 있다. 그들의 교육철학을 한마디로 표현하자면 이렇다. 자식은 부모 등을 보고 배운다."

"책 좀 읽어라", "공부 좀 해라"라고 말하지 않아도 책을 읽는 부모의 등을 보여주며 아이들이 자연스럽게 배우고 익히는 세상을 만드는 것은 바로 우리 부모들의 몫이다.

# 작은 습관과
# 미라클모닝 함께하기

독서가 끝인 독서모임도 있지만, 우리 모임처럼 다양한 활동을 함께하는 독서모임도 많다. 함께 읽고, 쓰고, 걷고 여러 가지 활동을 하고 있지만, 또 좋은 게 있다면 모임원들과 함께 하고 싶다.

우연한 기회에 외부에서 진행하는 '성공 습관 프로젝트'라는 프로그램에 참여했다. '아주 작은 습관'이나 '스몰 스텝'과도 비슷한 이 프로젝트의 목적은 작은 성공을 통해 성취감을 높여주는 것이다. 취지가 너무 좋아서 우리 독서모임에서 같이 해도 참좋겠다는 생각이 들었다. 회원들의 전적인 동의를 얻어 우리만의 성공 습관 프로젝트가 시작되었다.

독서모임과는 별개의 모임이므로 우선 단톡방을 따로 만들었다. 각자 작은 성공을 위해 목표를 설정했다. 하루 5페이지 이상 책 읽기, 일어나서 바로 물 한 잔 마시기, 귀가 시 꼭 아파트 계단 이용하기, 아이들에게 사랑한다는 말 하기, 스트레칭 하기 등이 나왔다. 참여하는 회원들의 목표를 설정하고 매일 습관 만들기를 시작했다. 간단하게 할 수 있는 목표들이어서 쉽게 할 수 있었고, 함께 하는 사람이 있어 매일 동기부여가 되었다. 매일 하면서 사람들의 성취를 체크하기도 했다.

한 달이 지나고 조금씩 인증을 놓치는 사람이 생겼다. 점점 불참자가 생기면서 전체적인 방의 분위기도 침체되었다. 결국 두 달 만에 프로젝트를 잠시 접었다. 뭔가 보완이 필요하다고 생각했기 때문이다. 이때 《습관 홈트》라는 책을 참고했다. 책을 보며 우리가 놓쳤던 부분을 알게 되었다. 좀 더 적은 시간을 들여서 성공할 수 있는 것을 목표로 잡아야 했고, 목표 달성의 조력자가 부족했다. 방을 만들고 추진한 내가 그 조력자의 역할을 해야 하는데, 나도 부족하니 충분히 조력자의 역할을 하지 못했던 것이다. 또 적절한 보상이 없었다. 어떤 일이든 성공한 부분에 대한 보상이 중요하다. 그것 또한 동기부여가 될 수 있기 때문이다. 습관 관련 책을 충분히 읽고 연구해서 내놓은 프로젝트가 아니고 단순히 '이거 좋더라 같이 하자'로 시작한 일이어서 미흡한 부분이 많았다.

1년 뒤, 저자 초청 특강으로 '작은 습관'에 관한 많은 책을 출간한 지수경 작가를 초청해 '아주 작은 습관'이라는 강연을 들었다. 회원들 모두 1년 전의 그 활동을 기억하며 더 작은 습관으로 쪼개어 목표를 잡아야 한다는 점을 알게 되었다. 우리가 놓친 부분을 파악하고, 경험과 강연을 계기로 더 작은 습관을 실천하고 있다. 하루 2페이지 독서, 싱크대에서 팔굽혀펴기 3회 같은 최소 습관을 목표로 삼았다. 만약 목표를 초과하면 그것은 덤이다. 하루 2페이지 독서는 반 권을 읽을 때도, 한 권을 다 읽을 때도 있다. 팔굽혀펴기는 처음에 어깨가 아팠으나 이제는 10회를 해도 괜찮다. 바닥에서 가끔 해봐도 그리 힘들지 않음을 느낀다.

비슷한 시기에 혼자 미라클모닝을 하고 있었다. 블로그 이웃들의 활동을 보면서 미라클모닝 시간이 필요하다고 생각했다. 조금 일찍 일어나 나만의 시간을 갖는 것은 매우 좋은 일이다. 새벽은 사방이 고요한 시간이며, 누구에게도 연락이 오지 않는 핸드폰에서 해방된 시간이다. 그 시간을 가진 하루는 성취감도 있고 하루를 온전히 살았다는 느낌도 들었다.

하지만 처음부터 혼자는 힘들었다. 친구를 찾다 보니 우연히 멀리 사는 친구가 새벽 기상을 한다는 이야기를 들었다. 일단 둘이서 매일 인증을 하기로 했다. 서로 빠지는 날에는 벌칙으로 커피 쿠폰을 보내주기로 했다. 몇 주가 지나자 서로 빠지는 날이 많아졌다. 주고받은 커피 쿠폰만 여러 장이었다. 그래서 하는 일을 점검해보기로 했다. 나는 주로 책 읽기였다. 일어나서 바로 책을 읽으려니 잠이 쏟아져 실패하는 날이 많았다. 친구는 이른 시간 출근하는 남편의 식사를 차려주는 일이었다. 일찍 일어나는 일이 그녀 자신을 위한 시간이 아니었다. 그리고 우리는 서로 너무 편한 친구 사이여서 서로 인증을 하지 않아도 뭐라고 하지 않았다. 그래서 다른 친구를 찾기로 했다.

블로그 이웃 중에서 두 명이 연결되었다. 일단 친구만큼 편한 사이는 아니어서 좋았다. 역시 벌칙은 커피 쿠폰을 주는 것으로 하고 미라클모닝을 시작했다. 처음에는 열심히 했지만, 어느 순간 각자의 사정이 생기면서 또다시 흐지부지되기 시작했다. 이렇게는 안 되겠다 판단해 전문적인 미라클모닝 팀에 들어갔다. 매일 기상인증이 4시부터 올라왔다. 나는 그렇게까지는 못 하지만 지속하는 것을 목표로 삼았다. 물론 잘 안 되는 달도 있었다. 프로젝트 기간인 세 달 동안 70일 성공을 목표로 삼았다.

내가 미라클모닝을 한다는 이야기가 퍼지면서 독서모임에서도 미라클모닝을 원하는 사람이 생겼다. 참여하는 프로그램을 소개해주고 같이 했다. 어느 순간부터 우리 독서모임 회원들이 자주 눈에 띄기 시작했다. 그러던 중 프로그램을 운영하던 작가분이 다른 플랫폼으로 옮긴다고 해서 고민을 하다가 독서모임에서 가장 에너지 넘치는 회원에게 운영을 부탁했다. 결국 우리 독서모임 회원들뿐만 아니라 다른 분들까지 합류해 새로운 미라클모닝 팀이 만들어졌다. 그 결과 독서모임 회원 절반 이상이 미라클모닝을 실행하고 있다. 인증사진에는 모임 선정 도서도 종종 보인다. 같은 책이 자주 보이니 다른 분들이 "무슨 책인데 다들 같은 책을 읽어요?"라고 궁금해하기도 했다. 어느 날은 24시간 하는 맥도날드에서 새벽 5시대에 만나기도 했다. 독서모임과 미라클모닝을 함께 하니 가능한 일이다.

돌아보면 우리 삶은 실패의 연속이다. 작은 습관 프로젝트도 미라클모닝도 그러했다. 의욕만 앞서기도 하고 보여주기식으로 할 때도 있었다. 그러나 실패와 지속이 반복되면서 조금씩 내 삶에 자리를 잡았다. 그곳에는 함께하는 동반자들이 있었다. 함께하면 언제나 더 멀리, 더 지속적으로 갈 수 있다.

제4장

# 독서모임 리더 되기

## 모임이 샛길로 빠지지 않도록
## 중심을 잡아주기

———————— 독서모임의 리더는 할 일이 많다. 모임 전부터 모임을 위한 준비를 한다. 책을 선정하고 날짜를 정하고 비용을 정한다. 책 선정을 위해 사전 조사를 하고 미리 책을 구해 읽어본다. 모임 전이나 후에 쓸 독서질문지나 노트를 참가자들이 쓰기 쉽게 미리 준비해둔다. 모임 전에는 참가자들에게 미리 연락을 취하고 불참 여부를 파악한다. 그리고 그날의 모임을 잘 끝내고 다음의 모임을 또 준비해야 한다.

　모임 날에는 어떻게 모임을 잘 운영할지 고민과 설렘을 가득 안고 모임 장소에 조금 일찍 나간다. 참석할 회원이 예정 시간이 되어도 보이지 않을 때는 불안해진다. 모임 시간이 다 되어 회원이 갑자기 불참 통보를 하거나 연락도 없이 불참하는 것은 리더에게는 힘든 일 중의 하나다. 사람이 있어야 독서토론이 가능한데 참가자가 없다면 낭패이기 때문이다. 특히 그런 사람으로 인해 정확한 시간에 참가한 회원들이 피해를 받게 된다. 그래서 회원들은 리더에게 미리 불참 여부를 알려준다면 마음의 준비를 하고 시간 분배를 할 수 있고, 참가자들과 일정을 조정할 수도 있다.

회원이 참여 여부를 알리는 것은 제일 기본이라고 생각한다. 약속을 쉽게 생각하는 사람은 신뢰도도 떨어진다. 인원이 적은 모임에서 미리 연락을 준 회원 이외에 몇 명이 당일 불참 통보를 한 적이 있다. 그 결과 참석한 인원이 딱 한 명이었다. 그래서 그 한 사람과 모임을 진행한 적도 있다.

모임을 하는 중에 이야기가 삼천포로 빠지는 것도 힘든 일 중의 하나다. 책의 내용과 전혀 상관없는 이야기, 또는 관련 주제로 시작했으나 끊지 못하고 의식의 흐름대로 계속 이야기를 늘어놓는 사람들이 있다. 그런 사람들은 주제를 벗어나 다른 이야기를 열심히 풀어놓는다. 이것은 다른 사람들의 발언 시간을 혼자 다 써버리기 때문에 문제를 일으키는 행동이다. 들어주는 회원들이 집중해서 들어주니 말하는 사람은 신이 나서 그렇게 되는 경우가 많다. 다시 책 내용으로 돌아오기 위해 리더는 노력하지만, 자꾸 사람들을 몰아서 샛길로 빠지는 형국이다.

이때 리더는 이들을 경계하고 흐름을 바로잡아야 한다. 독서모임을 운영하는 사람들과 이야기를 해보면 이런 사람은 어디에

나 꼭 한 명씩은 있다. 문제는 이런 사람들은 본인의 잘못된 행동을 잘 인지하지 못하기 때문에 리더가 이야기를 차단해 모임 분위기를 다시 잡아야 한다.

엄마들의 독서모임에 육아서나 자녀 교육서가 선정될 때가 있다. 공감 가는 부분이 많고 아이마다 상황이 다르다 보니 각자의 아이 이야기로 흘러가 한 명에서 멈추지 못하고 꼬리에 꼬리를 무는 '육아전'이 될 수도 있다. 모임의 한 회원은 평소에는 과묵하다가도 아이 이야기만 나오면 끊임없이 이야기를 해서 제지하기가 힘들었다. 그런 사람의 특징은 본인의 관심사에서만 눈빛이 반짝거리는 것이었는데, 평소 다른 회원들의 발언 시간에 집중하지 못하고 딴생각을 하거나 핸드폰만 만지작거리는 등 산만한 모습을 보이기도 했다. 본인의 발언 시간에 책 이야기는 '뭐, 좋았어요'라는 식으로 아주 간략하게 말해 리더의 입장에서 이끌기 힘든 분이라 고민을 많이 했던 경우다.

또 우리 모임에서 일어난 일은 아니지만 모임 내에서 회원이 단독 행위를 하거나 회원들을 선동하는 경우, 회원 간의 의견 충돌이 있는 경우도 리더가 힘든 경우다. 어떤 이유에서든지 리더는 중심을 잡아주어야 하고 중립을 지키도록 노력해야 한다. 어느 한쪽으로 치우치는 순간, 대립의 불꽃이 활활 타오르기까지는 시간문제다.

'독서모임에서 무슨 문제 될 게 많겠어? 책만 읽고 토론하면 되는 거 아냐?'라고 생각할 수도 있다. 하지만 독서모임의 중심은 결국 '사람'이다. 사람이 모이는 곳에는 수많은, 생각지도 못한 각양각색의 일이 벌어진다. 약간의 오해가 생겨 안 좋은 감정이 쌓일 수도 있고, 소외감을 느끼는 사람이 생길 수도 있다. 사람이 하는 일이기에 부족한 부분도 있고 실수도 있을 수 있다. 그런 것을 보완해주고 신경 써주면서 다독이는 분위기로 만들어가는 것도 리더의 역할이라 할 수 있다. 리더 이외에 그런 역할을 맡아주는 사람이 있다면 든든한 아군이며 큰 힘이 되기에 금상첨화다.

모임을 운영하다 보면 사람들이 모임 시간에 삼천포로 빠져 수다의 장이 만들어질 수도 있고, 말없이 모임에 참석하지 않는 회원이 있을 수도 있고, 당당하게 '책 안 읽고 왔어요'라고 말하는 회원들이 있을 수도 있다. 그렇다고 리더가 자신의 운영능력을 자책하거나 회의에 빠질 필요는 없다. 그런 경험을 밑거름 삼아 대처 능력을 키우고 결속력을 강화할 수 있는 운영능력을 키우는 것이 더 중요하다.

# 리더가 우선적으로
# 챙겨야 하는 것

리더는 모임의 전반을 챙겨야 하는 사람이다. 모임을 기획하고 연출하며 진행까지 맡아서 하는 총괄자라 할 수 있다. 그래서 리더가 챙기고 신경 써야 할 것이 한두 가지가 아니다. 크게 챙겨야 할 것은 책과 사람이다. 그 둘만 잘 챙겨도 90퍼센트 이상 해결된 것이라 할 수 있다.

모임의 성격에 맞는 책을 선정하는 일은 무엇보다 중요한 작업이다. 엄마들을 위한 독서모임을 만들 때 크게 두 가지 성격을 생각했다. 하나는 말 그대로 엄마의 위치에서 읽는 책, 다른 하나는 엄마의 위치를 잠시 놓고 온전한 나 자신으로 읽는 책이다. 엄마의 위치에서 읽는 책이란 가정, 육아, 교육 등 말 그대로 엄마의 위치에 충실할 수 있는 주제를 가진 분야다. '엄마'라는 큰 틀

안에서 모인 사람들이다 보니 아이를 키우는 일, 가정을 효율적으로 꾸리는 일이 삶에서 큰 비중을 차지한다. 그것에 도움이 되고 참고가 되는 책을 선정하려고 노력했다. 또 한 가지 온전한 나 자신으로 읽는 책은 엄마이기 이전에 본연의 나를 찾기 위해 필요한 책이다. 나를 찾을 수 있는 책, 본질을 생각할 수 있는 책으로 개인의 성장을 돕는 책이다.

우리는 독서모임이지만, 회원들이 책을 모두 사는 것은 아니다. 선정된 책을 검색해보고 꼭 필요한 경우 구매하고 아니면 도서관을 이용한다. 요즘은 E-book을 이용하는 분도 많다. 회원들 대부분 도서관을 이용하기 때문에 신간을 지정하는 일에 신중할 수밖에 없다. 회원이 '도서관에도 없는 책을 지정해요?'라고 리더에게 항의를 한 모임도 있다는 이야기를 듣고 더욱 신중해졌다.

나도 도서관을 자주 이용하기 때문에 도서 대출을 효율적으로 하는 법을 알고 있어 그 노하우를 회원들에게 알려주었다. 선정 도서는 분기별로 3권씩 미리 정해둔다. 선정 도서를 정하고 공지하기 전에 꼭 하는 일이 있다. 바로 도서관에 얼마나 비치되어 있는지를 살피는 일이다.

내가 있는 지역은 도립 도서관과 시립 도서관을 이용할 수 있다. 도립과 시립은 그 말처럼 관할 기관이 다르다. 운영 기관이 다르니 양쪽을 효율적으로 이용하면 원하는 책을 손쉽게 얻을 수 있다. 도립과 시립 도서관 앱을 이용해 내가 선정한 도서가 도서관별로 적절히 비치되어 있는지 사전에 알아본다. 작은 도서관을 포함한 도서관별로 책이 넉넉하다면 안심이지만, 그렇지 않을 때 타 도서관에서 빌려오는 상호대차 방식도 알려준다. 이제 회원들은 나보다 더 정보가 빠르고 책을 빌려 볼 수 있는 통로를 더 많이 알고 있다. 아이들 학교 도서관에서 학부모 대출이 가능하다는 것도 다른 회원을 통해서 알게 된 꿀팁이다.

선정 도서를 잘 따라오고 나보다 한발 앞서서 읽고 정리하는 분이 있는가 하면, 그렇지 못한 분도 분명히 있다. 책을 버거워하는 사람이나 그 책이 맞지 않는 사람은 없는지 살펴보는 일도 필요하다. 평소 선정하는 책이 맞지 않는 사람이 있는지 살펴보지만, 그렇다고 그 한 사람에게 맞는 책을 무리하게 선정할 필요는 없다. 어떤 점이 안 맞는지, 또 어떤 책이 맞는지 성향을 파악한 뒤에 다른 회원들과도 나눌 수 있는 적절한 책을 찾는 것이 방법이다.

처음 온 사람이나 2, 3회 정도 참여하면서 모임에 적응 중인 사람을 살피는 일도 중요하다. 오랜만에 온 사람도 마찬가지다. 기존 모임원들끼리의 이야기로 소외감을 느낄 수도 있고, 쉽게 말을 붙이지 못하는 경우가 있기 때문이다. 모임 중에 그런 분들을 계속 살피고 가벼운 질문을 통해 분위기를 이끌어줄 필요가 있다.

기상 악화나 코로나 상황 때문에 온라인 모임을 하는 일이 잦아졌다. 눈이 많이 오거나 태풍으로 모임을 하지 못할 때 카톡 모임을 한 적이 있다. 그때는 줌(화상채팅)을 이용하기 전이어서 단체 카톡에서 모임을 진행했다. 자신이 읽은 책의 사진을 올리고 느낌 등을 글로 적어 이야기를 나눴는데, 리더의 교통정리가 더 많이 필요한 일이었다. 문자를 적는 속도를 맞춰서 답을 해야 했고, 감정의 교류 없이 온전히 문자로만 소통을 하다 보니 오해가 없도록 조심해야 했다.

지금은 단톡으로만 참여하는 모임도 운영 중이다. 줌 모임에 피로감이 쌓이거나 모임 시간을 일부러 내기 힘든 사람들이 참여한다. 꾸준히 읽기 힘든 고전 문학을 읽는 모임인데, 각자 읽고 싶은 고전을 읽고 인증을 남기면 끝이다. 고전 문학에 관한 이야기를 주고받기도 하고, 읽다가 좋은 구절이 있으면 알려주기도 한다. 독서모임을 조금 가볍게 운영해보고자 생각해낸 모임인데, 결과가 생각보다 좋아서 꾸준히 운영할 생각이다.

코로나 이후에는 온라인으로 줌을 이용해 모임을 진행하는 일이 잦아졌다. 코로나 초기에 상황이 심각해지면서 한 달 정도는 그냥 쉬면서 추이를 살폈는데, 계속 쉴 수 없어서 줌을 이용하기로 했다. 어찌 보면 회원들은 독서모임으로 인해 줌을 일반인들보다 먼저 접하게 되었다. 내가 먼저 줌을 이용해본 경험이 있어 온라인으로 빠르게 전환할 수 있었고, 그 덕분에 코로나 환경에서도 모임을 쉬지 않고 이어갈 수 있었다.

줌을 처음 이용했을 때 PC를 이용하는 분과 스마트폰을 이용하는 분들의 사용법이 약간 달라 애를 먹었다. 스마트폰을 이용하는 회원 중 화면 전환이나 마이크 작동법을 익히는 것을 불편해하는 분도 있었다. 그런 분들과는 모임 전날 등 미리 접속해서 안 되는 부분을 연습했다. 그 결과 본 모임에서 원활하게 소통할 수 있었고, 이제는 소통하는 데 전혀 문제가 없다.

모임은 결국에는 사람을 챙기는 일이다. 리더가 챙겨야 할 것은 이것저것 많지만 본질을 들여다보면 결국 사람의 운영이라 할 수 있다. 사람을 잘 챙기면 그 모임은 지속될 수 있고, 오래갈 수 있다.

# 모임의 지속성을 위해
# 적당한 거리 지키기

───── 독서모임을 운영하면서 호칭 문제는 꽤 신경이 쓰이는 부분이다. 나보다 나이가 많은 분께는 '언니'라는 호칭을 쓰지만 같거나 아래일 때 '00 씨'라고 부른다. 원래 알던 사이가 아닌 오직 독서모임을 위해 만난 사이이기에 호칭 정리는 쉽고도 어려운 작업이었다. 후에 다른 모임에 참여하면서 그곳에서 쓰는 호칭을 살펴보니 '님' 또는 '선배님'이라는 호칭이 많았다. 간혹 별명을 짓거나 외국처럼 영어 이름을 부르는 곳도 있었다.

독서모임을 학부모 모임(학교나 어린이집)이나 동네 모임으로 만들지 않았던 이유는 독서모임의 본연의 기능을 위해서였다. 동네 마실 모임이 될 수도 있고, 너무 친한 격의 없는 모임이 될 수도 있기 때문이다. 물론 학교 학부모 독서모임 운영이 잘되어 지역 모임으로까지 발전한 모임도 보았다. 중심을 잘 지켜주는 리더(선생님)가 있고 잘 따르는 회원들이 있기 때문에 가능하다. 그 모임은 운영이 잘되어 공저까지 출간했다. 자녀의 교육과 자신의 자기계발에 관심이 높은 분들이 읽는 사람에서 쓰는 사람으로까지 성장한 경우다. 반대로 유치원 학부모 독서모임으로 시작해 어긋나면서 모임이 와해되는 경우도 보았다. 앞의 경우처럼 구성원끼리 사는 곳도 비슷했고 같은 기관을 이용하는 학부모라는 공통점이 있었는데, 다른 점은 '언니, 동생'이라는 관계 때문이었다. 너무 친밀한 관계가 모임을 꾸려나가는 데 오히려 걸림돌이 된 것이다.

일본의 소설가 소노 아야코의 《약간의 거리를 둔다》에는 이런 구절이 나온다. "사람이나 집이나 약간의 거리를 둬 통풍이 가능해지는 것이 중요하다. 그것이 최소한의 예의인 듯싶다. 서로의 신상에 대해 지나친 관심은 금물이다. 신상을 털어놓는 그 순간부터 특별한 관계가 되었다는 착각이 피어나기 때문이다."

모임에서 책 이야기를 나누면서 개인적인 이야기를 하기도 한다. 그렇게 조금씩 알아가게 되지만, 일부러 알려고 하지 않는다. 시간이 흐르다 보면 자연스레 알게 되는 부분도 많아지고 궁금해하지 않아도 알게 되는 일도 많다. 《약간의 거리를 둔다》에서 말하듯 서로의 신상을 털어놓는 순간부터 특별한 관계가 되었다는 착각으로 인해 오해나 질투가 쌓일 수 있다. 어느 회원에게만 관심을 두는 것처럼 보이는 오해와 또 그로 인한 질투 같은 일이 생기기 시작하면 모임의 분위기가 어떻게 될지는 불을 보듯 뻔하다.

적응 단계에 있거나 자주 빠지는 회원이 있을 때 따로 연락해서 안부를 묻기도 한다. 소소한 일상을 공유하며 모임에 참여하는 것이 어렵지 않게 돕고 싶기 때문이다. 처음부터 혼자 참석한 사람이 대부분이어서 각자 모임에 적응하는 시간이 걸린다. 적응 속도가 늦거나 어려운 분과 따로 이야기를 나누는 것은 그 사람이 모임을 좀 더 편하게 느낄 수 있게 한다. 분위기 메이커가 있는 모임에서는 자연스레 그런 긴장이 풀리기도 하지만, 그렇지 않은 곳에서는 리더가 그 역할까지 해야 한다.

회원끼리 개인적으로 코드가 맞아 친해지는 일도 생긴다. 그런데 금전적인 요청 등 어려운 부탁을 하는 사람도 있다. 개인적으로 연락을 해서 모임에 피해를 주지 않는다고 생각할지 모르지만 결국에는 모임에 영향을 준다. 실제 한 회원이 모임 회원들에게 개인적으로 연락을 해서 소액을 빌려달라고 했고, 나중에는 큰 목돈을 빌려달라고 한 일이 있다. 결국 내 귀에까지 들리게 됐는데, 알고 보니 그런 일을 겪은 사람이 한두 명이 아니었다. 급기야 돈을 못 받은 사람도 생겼다. 서로 아주 친하진 않았지만 모임에 꾸준히 나오는 사람들이었기에 '얼마나 급하면 나한테'라는 생각으로 조금씩 빌려준 것이다. 결국 그 일이 모임 분위기에까지 악영향을 미쳤다. 그 사람은 일이 커지자 모임에서 탈퇴했지만, 자신이 모임에 어떤 일을 저질렀는지 모를 것이다. 모임을 잘 유지하기 위해서 온 힘을 기울이던 내게는 그 일이 재앙과도 같았다. 실망, 분노, 좌절, 회의감이 밀려왔고, 나머지 회원들에게는 부끄럽고 미안한 마음만 가득했다.

어떤 모임이든 마치 가족 같은 관계는 위험할 수 있다. 아무리 오래 보아도 모임의 구성원들은 가족이 아니다. 서로 친밀한 관계는 맞지만, 적절한 거리를 두면서 좋은 관계를 오래 유지하는 것이 좋다. 그래야 독서모임이 오래 유지될 수 있기 때문이다. 독서모임 회원과의 관계도 약간의 거리를 둬 통풍이 가능한 것이 중요하다. 독서모임으로 친해지고 많은 것을 함께하지만, 언제나 일정한 거리는 유지하기를 권한다.

## 독단과 리더십
## 구분하기

모임 후 집으로 돌아오는 길에 왠지 찜찜할 때가 있다. 내가 말을 과하게 많이 했을 때와 내 주장을 많이 펼쳤을 때가 그렇다. 운영하는 우리 독서모임의 회원들은 대부분 성격이 유한 편이어서 내가 어떤 제안을 하면 대체로 동의를 한다. 그렇다 해도 가끔 내가 과했다는 생각이 들 때가 있다.

독서모임 리더는 리더십이 강해야 한다. 회원들을 잘 어우르고, 중요한 결정을 내릴 때 우유부단하지 않으며, 모임이 제대로 된 방향으로 갈 수 있도록 잘 이끌어야 한다. 하지만 리더십과 독단을 분명하게 구분해야 한다. '독단'은 남과 상의하지 않고 혼자서 판단하거나 결정한다는 의미다. 말 그대로 의논 없이 혼자 결정하는 것이다. 내가 만든 독서모임이지만 지속되는 것은 회원들이 있기 때문임을 한시도 잊어서는 안 된다. 회원들이 있기에 리더의 자리도 존재하는 것이다.

흔히 유재석과 강호동의 리더십이 비교된다. 유재석은 남의 말을 경청하고 배려심이 깊어 구성원 중에서 소외되거나 말을 많이 못하는 사람이 있으면 그 사람의 분량을 챙겨준다. 그를 경험한 사람들은 대부분 그 자리가 편안하도록 배려해준다고 입을 모아 말한다. 다른 사람을 받쳐주는 서번트 리더십이다. 반면 강호동의 리더십은 다르다. 운동선수 출신으로 '하면 된다'라는 뚝심이 깔려 있다. 그는 재미가 없으면 재미있을 때까지, 본인이 만족할 때까지 녹화하는 것으로 유명하다. 팀을 이끌어나가는 데 있어 권위적이고 카리스마가 돋보인다. 이런 리더십은 유재석의 그것과는 달리 위기 상황을 벗어날 때 좋은 리더십이다. 한 명의 리더가 팀을 이끌며 위기를 맞이했을 때 벗어나는 일은 리더십의 중요한 부분 중 하나다.

사실 작디작은 독서모임에서 무슨 유재석, 강호동의 리더십까지 이야기하나 싶겠지만, 한 명 이상의 모임을 운영하는 리더의 입장이 되어보면 다르다. 독서모임은 책이 중심이 되지만 결국 사람을 통해 운영되고 굴러가기 때문에 실수도, 실패도 있다. 거기에 리더의 리더십은 팀의 방향과 성패를 좌우한다.

강호동의 카리스마 있고 권위적인 리더십이 좋다고 여길 때 주의해야 할 점이 있다. 바로 앞에서 말한 '독단'과 혼동해서는 안 된다는 점이다. 리더십이 없으면 리더는 우유부단해지고 회원들의 말에 끌려다니기 쉽다. 좋은 게 좋은 거라는 생각으로 사람들의 말을 모두 다 받아주려고 하면 모임에 오히려 해가 된다. 또 그런 의견을 모두 수용하지 못할 때 모임 내에서 반발이나 항의성 메시지가 나올 수 있다. 안 되는 것은 정확하게 이야기하고 가능한 범위를 설정해주는 것도 중요하다. 이런 과정에서 '내가 리더인데'라는 마음이 강하게 들면 독단으로 넘어갈 수 있다. 중요한 일을 결정하지 못하고 의견이 분분할 때 방향을 설정하는 일은 카리스마적 리더십이다. 하지만 그런 일을 잘 조율하지 못하거나 나온 의견과는 다르게 리더의 생각으로만 이끌게 되면 독단으로 빠질 수 있다. 바로 그 지점을 잘 찾아 카리스마 리더십을 가져야 한다.

아이들이 즐겨 보는 인기 만화(애니메이션)인 《네모바지 스폰지밥》의 한 에피소드에는 이런 독단이 잘 나타나 있다. 어떤 계기로 스펀지밥의 절친인 뚱이가 책임자의 역할을 맡게 된다. 뚱이는 계속 "내가 책임자야!"라는 말을 한다. 책임자의 권한으로 스펀지밥에게 궂은일을 시키고, 스펀지밥 몫의 아이스크림도 빼앗는다. "내가 책임자야"라는 말은 뚱이에게 무거운 짐이 되었고, 결국 책임자의 역할을 벗으면서 원래의 뚱이로 돌아온다. 뚱이는 '리더십'이 '독단'으로 이해된 것이다. 이런 독단을 나도 하고 있진 않은지 생각해볼 일이다.

리더는 자신이 어떤 성향의 리더십을 가졌는지 알고 있으면 좋다. 나는 리더십이 아니더라도 성격유형 검사를 가끔 한다. 한창 유행한 MBTI나 DISC 성향 검사도 해보았다. DISC 검사 같은 경우 그것을 잘 이해하고 있는 다른 사람에게 겉으로 보이는 내 성향이 어떤지 묻기도 했다. 다른 사람이 볼 때의 성향과 검사지에 나타난 성향의 차이점은 나를 파악하는 데 도움이 된다. 자기자신을 잘 알면 모임을 이끌면서 넘치거나 부족한 부분을 미리 알아차릴 수 있어서 유익하다.

모임 초기에는 회원간에 서로 낯설고 적응 기간이 필요해 리더가 결정해야 할 일이 많다. 그럴 때는 독단보다 부드러운 리더십이 필요하다. 사람들이 흩어지지 않고 잘 모일 수 있게, 모임에 애착을 느낄 수 있게 한 명씩 돕는 것도 리더가 할 일이다. 적응을 힘들어하는 회원에게 한 번이라도 따로 연락을 하는 것과 그분의 이야기를 들어주는 것은 회원의 적응을 위해 도움이 된다. 또 많은 의견이 나올 때 리더가 중심을 잡고 잘 정리하는 모습도 필요하다. 유재석과 강호동의 리더십을 잘 융합해 나만의 리더십을 가지는 것은 모든 리더의 바람일 것이다.

## 감사하는 마음은
모임의 결속을 가져다준다

모임을 계획하고 처음 모집을 하고 모임 당일이 되었을 때 '한 명이라도 오면 좋겠다'라고 생각하며 시계만 들여다보기도 했다. 그렇게 시작된 첫 모임의 회원은 이제 10명이 되었다. 신청자들이 있기는 하지만 모임의 안정적인 운영을 위해 더 이상 신청을 받지 않고 있다. 또 다른 모임은 여러 가지 사정으로 나와 한 명의 회원으로 둘이서 모임을 시작했다. 그런데 꾸준히 이어가다 보니 회원이 늘어났다.

처음에는 한 명이라도 온다면 감사하다는 마음이었고, 언제까지 이어질지도 알 수 없었지만, 모임은 지금도 지속되고 있고 앞으로도 쭉 이어질 것이다. 그 비결은 바로 서로 감사하는 마음이라고 생각한다. 모임이 끝날 때마다 한두 명씩은 꼭 '모임을 만들어줘서 고마워요'라는 문자 인사를 한다. 그날 모임 내용이 좋았거나 자신이 치유된 날임이 틀림없다. 이젠 일상처럼 모임을 운영하지만 그런 문자가 오면 내가 더 감사하다. 누군가에게 감사받을 수 있다는 것은 삶에서 큰 축복이라고 생각한다. 그것도 가족이 아닌 타인에게 말이다.

모임 초기에 장소 때문에 여기저기 떠돌며 자리를 잡지 못한 적이 있다. 넓은 카페는 소음과 음악 소리 때문에 독서모임에는 좋은 환경이 되지 못했다. 지금은 스터디카페 등 모임에 적당한 장소가 많이 생겼지만, 당시에는 그런 단독 공간이 없을 때였다. 가끔 회원이 집이나 사무실을 공간으로 내줄 때는 반드시 감사의 인사를 전했다. 다른 회원들도 그간의 사정을 알기에 함께 감사 인사를 꼭 전했다. 집이나 사무실에서 모임을 가질 때는 빈손으로 오는 회원이 없어 우리는 풍성한 간식에 서로 감사하기도 했다.

꾸준히 모임을 운영하는 나를 보며 이렇게 말하는 사람도 있다. '비용을 받지도 않으면서 하는 모임은 너한테 시간 낭비야. 없애든지 아니면 돈을 좀 많이 받고 해.' 그럴 때면 나는 처음 모임을 만들었던 그때를 생각해본다. '내가 육아 때문에 책을 읽다가 나를 찾아가는 시간을 통해 꿈을 가졌듯, 나와 비슷한 엄마들과 함께 책을 나누고 또 그들의 꿈이 생긴다면 좋겠다.' 내 목표는 나와 같은 엄마들과 책을 나누고 그런 친구들을 만드는 것이었다. 바로 이것이 초심이었다. 그리고 독서모임 덕분에 나는 내 독서의 범위가 상당히 넓어졌고, 관심사가 맞는 친구들을 얻었으며, 독서에 관한 책을 썼다. 돈으로도 환산할 수 없는 삶의 가치들이다.

자유 독서모임 중 주제별 모임을 운영한 적이 있다. '말'에 대한 주제 모임을 할 때였다. 말의 태도, 말의 그릇, 말과 마음 등과 관련된 다양한 책이 소개되었다. 다양한 책 속에서 공통점은 말은 치유가 되기도 하지만, 독이 되어 다시 내게로 돌아올 수도 있다는 것이다. 《일본 최고의 대부호에게 배우는 돈을 부르는 말버릇》이라는 책에서는 나 자신에게 먼저 감사하라고 말한다. 감사할 줄 아는 사람에게는 반드시 도움을 주는 이가 나타난다고 한다. 이것이 감사가 불러오는 선순환이라 할 수 있다.

《한 줄의 기적, 감사일기》라는 책을 읽은 뒤부터 감사일기를 쓰기 시작했다. 그중에서도 '미리 감사일기'를 쓰고 있다. 일과를 시작하기 전에 미리 감사일기를 써서 이미 그 일이 일어난 것처럼 일기를 쓴다. 이 '미리 감사일기'는 모임 회원을 모집할 때 꼭 쓰는 것 중 하나가 되었다. 우리 모임에 꼭 맞는 분, 결이 맞는 사람이 오길 진심으로 바라며 미리 감사일기를 쓴다. 그런데 이렇게 미리 감사일기를 쓰고 나면 꼭 신청하는 사람이 생긴다. 다른 일에도 미리 감사일기를 쓰지만, 회원 모집 때에는 꼭 일기를 쓰는 것이 하나의 중요한 과정이 되었다. 그리고 회원이 오면 나와 우리와 인연이 되어주어서 또 감사하다고 그것을 감사하는 일기를 쓴다.

리더가 회원들에게 감사하는 마음을 갖는다면 그 마음이 말하지 않아도 보일 거라고 생각한다. 리더와 회원들이 서로 감사하면서 마음을 맞추면 그 모임은 잘 될 수밖에 없을 것이다. 인사(人事)가 만사(萬事)가 아닌가!

# 다른 독서모임을 통해
데이터 축적하기

———————— 독서모임 운영 초기에 모임에 오는 사람은 나와 비슷한 관심사를 가진 사람이 많았지만, 모든 관심사가 같을 수는 없었다. 회원들은 육아, 자기계발 이외에도 소설, 에세이, 고전, 경제, 역사서 등 다양한 책을 읽고 싶어 했다. 의견을 종합해 내가 먼저 책을 읽었다. 미리 책을 읽으면 모임에 적절한 책인지 살피고 보류할 책을 걸러낼 수 있기 때문이다. 하지만 여기서도 내주관이 들어갈 수밖에 없다. 그래서 자꾸 내가 진행하기 편한 책을 고르게 되었다. 모임을 운영하는 데 참고가 될 만한 사례가 필요해서 다른 모임은 어떻게 운영되는지 궁금해졌다. 다른 모임은 어떤 분위기인지, 리더의 운영방식은 어떤지 살펴볼 필요성을 크게 느꼈다. 그래서 다른 모임에 들어가 경험해보자고 생각했다.

우리 모임에 나오는 한 분은 모임에 참여하면서 짧은 시간에 글을 쓰고 책을 출간했다. 이후에 자신만의 독서모임을 만들었고, 고전 분야의 독서모임을 운영하면서 우리 모임과 협업을 제안했다. 그 당시 나는 독서모임의 리더임에도 고전에 대해 읽기 어려운 책이라는 선입관을 갖고 있었다. 고전 독서모임에 참관형식으로 참여한 뒤 결국 고전 독서모임과 우리가 하는 엄마 독서모임은 성격이 달라 모임을 따로 운영하기로 했다. 그러나 그 후로 내가 운영하는 모임에 고전 장르를 추가했다.

그리고 재테크 분야는 내가 가장 낯설어하던 분야였다. 수리에 약한 나는 그런 책은 읽기 쉽지 않다고 생각했고, '돈이 없는데 뭘로 재테크를 하지?'라는 생각이 앞섰다. 그런데 '주부가 재테크 공부로 집도 여러 채 샀다'는 류의 책이 쏟아지는 것을 보며 생각이 완전히 바뀌었다. 돈을 가지고 재테크를 하는 것이 아니라 재테크 공부를 통해 돈을 모은다는 생각으로 바뀌게 된 것이다. 어떤 책부터 읽는 것이 좋을지 몰라 독서모임을 검색했다.

마침 집 근처에서 첫 모집을 하는 재테크 독서모임이 있었다. 참여자들은 이미 재테크를 하고 있는 사람이 대부분이었다. 처음에는 부동산, 주식 등 모든 것이 생소했다. 하지만 그 모임 덕분에 2주에 한 번씩 재테크 도서를 읽고 나누었고, 경제신문도 열심히 읽기 시작했다. 지금은 온라인으로 경제 독서모임과 경제신문 읽기 모임을 진행하고 있다.

그 밖에도 같은 저자의 책을 여러 권 읽는 단기 프로젝트 독서모임, 일일 독서모임 등 다른 모임에 적극적으로 참여하면서 각기 다른 리더의 모습과 운영방식을 참고했다. 온라인 모임에서 인원이 많으면 소모임으로 나누는 경우가 있다. 그럴 경우 소모임으로 책을 나누고 그 모임에서 나눈 이야기를 대표로 전체 모임에서 나누게 된다. 그러면 리더와의 소통이 적어서 만약 리더의 역량을 보고 신청했다면 불만족스러울 수 있다. 리더와의 소통보다는 소모임 회원들과 어떤 이야기를 나눌 수 있는가가 관건이기 때문이다.

운영하는 모임에 많은 사람이 참여하면 좋겠지만, 대규모 모임에 참여하면서 오히려 소규모로 모임을 진행해야겠다는 생각을 하게 되었다. 적정 인원을 넘기지 않으면서 참여하는 회원들을 한 명씩 챙기며 이야기를 나누는 방식이 내게도 맞고 모임의 색깔을 유지하며 오래 지속할 수 있다고 생각하기 때문이다.

회원들이 다른 독서모임에 참여한 후기도 리더에게는 크게 도움이 된다. 책 선정은 어떻게 하는지, 모임 장소 선택과 운영은 어떻게 하는지 등 모든 것이 데이터가 된다. 리더가 없는 독서모임도 있다고 하는데, 리더가 없이 자유로운 모임은 그만큼 단점도 많다고 한다.

지금도 필요한 독서모임에 참여하면서 데이터를 축적하고 있다. 좋은 방식은 우리 모임에 맞게 어떻게 적용할지 고민한다. 내가 리더가 아닌 곳은 회원의 입장에서 바라볼 수 있어 모임에서 개선할 점이나 보완점이 무엇인지 참고할 수 있다. 또 리더와 회원의 관계 맺는 방법을 배울 수 있고, 리더가 회원을 챙기는 방법들도 알게 된다.

요즘은 독서모임이 온라인으로 운영되는 곳이 많아 다른 지역 리더도 쉽게 만나볼 수 있다. 오프라인 모임을 맛보고 싶다면 동네 책방이나 도서관, 지역 내의 오프라인 모임을 통해 경험해볼 수 있다. 그런 모임을 통해 자신의 독서모임을 개선해 나갈 수 있고, 또 새롭게 시작해볼 수도 있을 것이다.

## 독서모임의
## 위험 징후 8가지

《한비자》에는 '나라가 망하는 10가지 징조'라는 글이 있는데, 나라가 망하기 전에 공통적으로 나타나는 징후들을 언급하고 있다. 모임도 마찬가지다. 다음과 같은 일들이 지속되면 모임이 존폐위기에 놓이게 된다. 이런 위험 징후들을 잘 감지하고 예방하는 것도 리더의 몫이다.

1. 책을 읽지 않고 오는 회원이 많아진다.
2. 이야기가 삼천포로 빠지는 일이 잦다.
3. 독서모임이 책을 읽고 토론하는 모임이 아니라 사적인 모임으로 변해간다.
4. 친밀감 증대로 수다 시간이 된다.

5. 늦거나 빠지는 회원이 많아진다.

6. 돈 문제나 다툼이 생긴다.

7. 리더가 모임 운영이 즐겁지 않다.

8. 리더의 이야기에 회원들이 귀 기울이지 않는다.

1~4번은 비슷한 맥락이다. 독서모임이 사적인 수다 모임이 되면, 책은 뒷전이고 사적인 이야기가 주류가 된다. 가끔 사적인 이야기를 통해 좀 더 마음을 열고 공감대를 형성할 수도 있지만 그것이 극히 드물어야 한다. 독서모임을 만들고 일부러 시간을 내어 모이는 이유는 '책'을 읽고 나누기 위함이지 개인적인 이야기를 풀어놓기 위해서가 아니다. 그것은 지인들을 만나서 하거나 개인 SNS를 이용해 충분히 할 수 있는 일이다.

5번을 살펴보면, 회원들이 모임에 소홀해지는 것은 책을 읽지 않고 오는 것과 잦은 지각, 무단결석이 나타나기 시작하면서다. 책을 읽지 않으면 할 이야기가 없어서 모임에 참석하기가 불편해지는 것도 이유 중 하나다. 이런 회원들이 나타나면 모임의 기한을 정해놓고 끝낼 수 있는 프로젝트 독서모임을 운영하는 것도 좋은 방안이라고 생각한다.

6번도 충분히 일어날 수 있는 일이다. 회원들 사이에 다툼이나 돈 문제가 생기면 모임은 큰 타격을 입는다. 리더가 어느 한쪽에 서게 되면 팀이 쪼개지는 것은 시간문제다. 리더가 심판의 역할까지 하려면 너무 힘들 수 있다. 중재자의 역할로 양쪽의 이야기를 모두 들어보고 잘 해결하는 지혜가 필요하다.

돈 문제도 마찬가지다. 소액을 빌리다가 어느 순간 고액을 빌려달라고 하는 분도 있다. 처음에는 '얼마나 사정이 안 좋으면 이런 모임에서 만난 나에게까지 아쉬운 소리를 할까?'라는 생각으로 다들 소액을 빌려줄 수 있다. 하지만 돈을 갚지 않거나 뒤에 고액을 빌려달라고 요청하면 서로가 불편한 관계가 되기 시작한다. 우리 모임에서도 실제로 일어났던 일이다. 한 회원이 내가 모르는 사이 회원들에게 돈을 빌렸고, 딱하게 생각하며 조용히 소액을 빌려주고 받은 사람도 있고, 못 받은 사람들도 생겼다. 그런 일이 지속되자 나에게 이야기가 뒤늦게 들어왔다. 한 명씩 물어보니 그런 부탁을 받은 사람이 생각보다 많았다. 뒤에 회원들이 빌려준 돈은 다 받았으나 문제의 회원은 모임 회비는 내지 않고 모임에서 사라졌다.

7~8번은 리더의 문제다. 리더 자신이 즐겁지 않거나 회원들이 리더의 이야기에 귀 기울이지 않는다는 것은 큰 문제다. 모임을 이끌어가는 것이 힘에 부치거나 부담스러우면 즐거울 수 없다. 리더가 즐겁고 재미있어야 모임에도 활력이 돈다. 회원들이 리더를 무시하거나 편 가르기를 하는 경우도 리더에게는 매우 힘든 일이다. 이런 징후가 보일 때는 모임을 살리려 애쓰는 것보다 차라리 모임을 잠시 쉬어가는 것도 방법이다.

모임을 쉬거나 마침표를 찍는 것은 쉬운 일은 아니지만 그렇게 함으로써 지친 마음을 다독이고 재충전해서 더 좋은 에너지로 모임을 이끌어갈 수 있는 기회가 되기도 한다.

2년간 운영하다 마침표를 찍은 모임이 있다. 앞에서 말한 돈 문제가 있었던 그 모임이기도 하다. 회원들의 적극적인 모습이 점점 줄어들어 새 회원을 모집하며 새로운 기운을 넣기 위해 애썼다. 코로나의 시작으로 대면 모임을 할 수 없었을 때 다른 모임들은 적극적으로 온라인으로 모임을 지속했지만, 이 모임에선 전혀 그런 호응이 나오지 않았다. 온라인으로도 전환되지 않고 대면 모임도 할 수 없게 되면서 모임을 끝내야겠다고 결심했다. 몇 번을 근근이 이어나가 봤지만 나 스스로 지치는 게 많이 느껴졌다. 아쉬움도 크고 몇 번밖에 나오지 않은 새 회원들에게는 죄송한 마음이었지만, 모임도 수명이 있음이 느껴졌다. 인력으로는 해결되지 않는 것이 느껴지면 접는 것이 답이다. 이후에 나의 에너지와 마음을 가다듬어 온라인으로 새롭게 독서모임을 시작했다. 어려웠던 모임이 정리되면서 오히려 새로운 독서모임으로 새로운 사람들을 만나는 계기가 되었다.

온라인이든 오프라인이든 독서모임은 사람이 모여 이루어지는 모임이다. 그래서 책이라는 공통 관심사를 갖고 마음이 맞는 사람들이 모여도 인간사에서 일어날 수 있는 각양각색의 일들과 사건사고는 벌어지게 마련이다. 독서모임도 분명 수명이 있기에 갈수록 위험 징후들이 심화된다면 리더는 개선을 할지 모임을 끝낼지 판단을 내리는 결단력이 필요하다. 위기가 기회가 되어 더 개선될 수도 있고, 균열이 바로잡을 수 없을 정도로 심화될 수도 있기 때문이다. 그리고 뜻을 함께하는 사람들이 새롭게 모여 새로운 모임으로 거듭날 수도 있다.

## 운영을 회원들과
## 분담하기

독서모임을 처음 만들 때는 제발 한 명이라도 와주면 좋겠다는 마음이 간절하지만, 그 간절함이 채워지면 욕심이 생긴다. '회원이 더 많으면 좋겠다, 사람들이 책을 잘 읽고 나누면 좋겠다, 결석하는 사람이 없으면 좋겠다, 좋은 사람만 오면 좋겠다' 등등 계속 더 많은 것을 바라게 된다.

책 선정을 하면서도 욕심이 생긴다. '회원들 누구나 읽기 쉽고 좋은 책'을 선정해 읽고 나누다 보면 점점 난도가 높은 책을 선정하고 싶어진다. 인문이나 역사서 분야는 난이도가 극과 극인 경우가 많다. '이제 이런 책을 읽어도 되겠지?'라는 생각에 성급하게 책을 선정하고서 낭패를 본 일이 몇 번 있다. 중간에 '다 못 읽었어요, 너무 어려워요, 책장이 안 넘어가요'라는 반응이 나왔다.

제목만 보고 선정하거나 혹은 회원 누군가가 '이런 책 읽고 싶어요'라는 요청이 들어와 그 책을 선정하면 가끔 실패를 할 때가 있다. 모든 선정 도서는 사전에 리더가 읽어보고 지정하는 과정을 거쳐야 하는데, 그 과정을 생략했기 때문이다. 이것은 다음에 읽을 책이 준비되지 않은 시점에 흔히 발생하는 실수다. 그렇게 지정된 책은 회원들이 대부분 잘 못 읽는 경우가 빈번했다. 읽어도 내용을 이해하지 못하는 일이 많았다. 내가 읽고 어려운 책은 회원들에게도 어렵다는 인식을 하고 책을 신중히 선정해야 한다. 그리고 어려운 책을 무리하게 정복하겠다는 욕심을 버려야 한다.

모임을 운영하며 리더가 욕심을 내려놓는 것도 필요하지만, 또 한 가지가 필요하다. 회원들에 대한 욕심을 버리는 것도 중요하다. 독서모임을 계속 하다 보면 '좀 더 진지하게 토론해주길, 읽고 나눌 부분을 정리해오길, 일찍 와서 미리 준비해주길' 등등 회원들이 더 잘해주었으면 하는 마음이 점점 자라는 것이 사실이다. 하지만 회원들은 리더가 아니기에 리더의 마음과 회원의 마음은 다를 수밖에 없다. 사실 회원들에게 0을 기대하는 것이 가장 좋다. 조금이라도 기대하는 순간 리더만 상처받을 수 있다. 대신 기대 이상일 때는 크게 기뻐하고 감사해야 한다. 리더 혼자 의욕에 차서 모임을 이끌기엔 여러모로 벅차다. 모든 것을 혼자서 감당할 수는 없기 때문이다.

가장 어려운 것이 사람을 대하는 일이다. 연락 없이 나오지 않는 사람, 뒷담화 하는 사람, 리더를 평가하는 사람 등 다양한 사람이 있을 수 있다. 모든 사람이 리더를 만족스러워할 수는 없다는 생각으로 임해야 상처도 덜 받는다. 또한 모임 운영을 완벽하게 잘하려고 애쓰는 마음도 버려야 할 것 중 하나다. 리더의 노고가 당연한 것으로 받아들여지게 되면 점점 더 잘해야 하고 봉사만 해야 한다. 그렇게 되면 좋아서 하는 일임에도 어느 순간 보람은 없고 힘이 들고 피해의식이 생겨날 수 있다.

부리더를 정해서 일을 분산하는 것도 모임을 효율적으로 운영할 수 있는 한 방법이다. 한때 갑자기 모임 운영이 부담으로 느껴질 때가 있었다. 총무를 정해서 장소 예약 등 나의 일을 분담했고, 자유 독서 때는 돌아가며 진행을 맡도록 했다. 마무리는 리더인 내가 했지만 나도 마음이 한결 가벼워졌고, 모임이 진행되는 상황을 공유하며 서로 알 수 있는 장점이 있었다. 지금은 자유 독서 모임 시간을 나 대신 진행해주는 회원이 있어 심적으로도 부담을 많이 덜게 되었다.

모임에 대한 애정과 욕심은 구별되어야 하고, 의욕과 과욕도 구별되어야 한다. 모임이 성장하기 위해서는 회원들과 분업을 하고 함께 이끌며 각자 책임의식을 갖고 나아가야 한다. 그래야 리더 자신도 운영에서 완급을 조절하며 오랫동안 모임을 이끌어갈 수 있다.

# 모임만의
# 규율 만들기

리더를 중심으로 모임은 하나가 된다. 부리더를 정해서 일을 나눌 수 있지만, 모임의 중심은 리더다. 의견충돌이나 다툼 등이 있을 때 중간 역할이 가장 힘이 들지만 리더가 해결해야 하는 일이다. 그런 어려움이 아니더라도 리더가 중심을 잘 잡아주는 일은 모임의 지속성을 위해 필요하다.

모임의 날짜나 장소, 책 선정 등 결정해야 할 사항이 있을 때 리더가 갈팡질팡하거나 우유부단하면 안 된다. 리더가 없는 독서모임의 이야기를 들은 적이 있다. 회원 수대로 후보 도서를 내고 투표를 하는데 너무 많은 선택지 때문에 그것만으로도 회원들의 피로도가 높아졌다고 한다. 다양한 책을 두고 고를 수 있는 장점은 있지만 3권 이상만 되어도 책 선정이 힘들어지는 단점이 있다. 리더가 있어도 책 선정 등에 중심이 없으면 회원들의 의견이 넘치기 일쑤다. 각자 의견을 내고 그것들을 모두 받아들이면 결국 모임은 산으로 간다. 선정 도서를 추천은 받되, 검토해보고 결정한다는 말을 꼭 남겨야 한다. 그런 말을 하지 않으면 선정 받지 못한 도서를 추천한 사람은 자기에 대한 거절로 받아들일 수 있다. 그것이 쌓이면 불만을 표출하거나 모임에서 이탈할 수도 있다. 많은 의견이 나올 때 바로 거절하기 힘들다면 단톡방 등에서 비공개 투표를 할 수도 있다. 투표 결과는 누구나 다 볼 수 있기에 다수의 의견을 공개적으로 보여주는 효과가 있다.

모임의 날짜나 장소도 마찬가지다. 가장 좋은 것은 모든 사람이 참석하는 것이지만 쉽지 않기에 가능한 많은 사람이 참여할 수 있도록 날짜를 정해놓는다. 일정한 날짜 없이 모두가 가능한 시간을 맞추다 보면 누구는 되고, 누구는 안 되는 일도 있다. 모두를 데리고 가려다가 결국은 모두를 잃을 수도 있다. 그래서 날짜와 장소는 고정해놓고 정기적인 모임을 하는 게 좋다.

모임에 쉬었다 다시 오는 사람들이 있다. 자신의 상황에 변동이 생겨 일정상 참여가 힘든 분 또는 잠시 모임 책 읽기를 중단하고 본인만의 책 읽기를 하는 분 등이다. 독서모임이 지속되는 한 그런 분들도 여건이 되면 다시 참여할 수 있다는 점을 감안해야 한다.

다른 모임을 살펴보다가 한 가지를 발견하게 되었다. 바로 '운영규칙'이다. '몇 회 불참 시 탈퇴, 책을 읽지 않고 오면 발언권 제한' 등의 조항이 있었다. 엄격하고 냉정해 보이는 이 규칙은 모임을 이끌어가는 데 득이 될지 실이 될지 고민해보았다. 인원이 20명이 넘는 대규모 독서모임에서는 이런 규칙은 필요하다고 생각한다. 그러나 10명 안팎의 소규모 독서모임에서는 이런 엄격한 규칙은 지나치다고 생각한다.

그렇다면 작은 독서모임에서는 이런 규칙 대신에 책을 읽지 않고 오는 사람이나 불참하는 사람에게 어떻게 하면 좋을까? 갑자기 불참하는 사람은 이유가 있다. 일정 변동으로 시간이 맞지 않거나 아이가 아프거나 집에 일이 생긴 사람이 대부분이다. 그것 이외의 이유로 불참한다면 따로 연락을 취해서 이유를 알아볼 필요가 있다. 혹시 모임에 불만이 있기 때문인지, 책이 어려워서 부담이 되는 것은 아닌지 알아보고 모임 당일에 참석할 것인지, 이후 지속해서 참석 가능한지 그 회원의 의견을 들어보는 것이 좋다.

때로는 마음이 바뀌면 언제든 다시 오라고 기회를 열어주는 것도 방법이다. 책을 읽지 않고 오면 자연스레 발언권이 제한되는데, 대부분 "다른 사람들의 책 이야기를 듣고 싶어서 왔어요"라고 말한다. 처음에는 그 말이 핑계인 줄 알았다. 그런데 정말로 본인에게 책이 어려웠거나 이해하지 못한 부분이 많으면 다른 사람의 이야기를 듣고 책을 이해하려고 하는 사람도 많다는 것을 알게 되었다. 그렇게 다른 이의 이야기를 듣다가 자신의 생각을 말하고 싶을 수 있다. 그럴 때 발언권을 주고 그 주제에 맞는 이야기를 할 수 있게 기회를 준다. 그런데 일부는 전혀 상관없는 사담을 계속하는 사람이 있다. 그럴 때는 진행자가 끊어줘야 한다. "이제 책 이야기를 할 시간입니다"라고 하든지, "시간이 얼마 남았습니다" 또는 "책 관련된 이야기만 해주세요", "나머지 이야기는 끝나고 할게요"라는 말로 책 이야기가 주가 되도록 유도해야 한다.

이제는 모임 공지를 올릴 때 항상 '책은 완독 기준이나 최소 2/3 이상 읽어오는 것을 권장합니다'라고 써 놓는다. 모임의 분위기가 흐려지는 것을 사전에 방지하기 위해서다.

모임에서 반응이 좋았던 책 중 하나인 《나는 나무에게 인생을 배웠다》라는 책이 있다. 저자는 30년 동안 나무를 돌봐온 나무 의사인 우종영 작가다. 저자는 수동적이기만 할 것 같은 나무도 스스로 생존을 위해 수없이 움직이고, 한 자리에 서서 아무것도 못하는 것처럼 보이지만 나무 한 그루 한 그루마다 생존의 전략이 있고, 공존이 있다고 말한다. 저자는 나무에게서 인간 삶의 모습을 보며 나무의 지혜를 이야기하고 있다. 작은 묘목부터 오래된 고목까지, 나무에게서 삶을 배우는 잔잔하지만 오랜 울림이 있는 책이다.

이 책에 이런 구절이 나온다. "처음부터 흔들리지 않으려 너무 애쓰면 오히려 쓰러지게 된다. 그러니 흔들린다고 자책하지 말자. 흔들리되 다시 중심을 잡고 가면 될 일이다. 누구나 그렇게 살아간다. 걷다가 시련 앞에서 무너지고 다시 일어나고 또 걸어가고."

이 책을 읽으면서 독서모임을 만들고 초반에 잘하기 위해 내모든 것을 쏟아부으며 애쓰던 그때 이 책을 만났으면 좋았을 텐데 라는 생각을 했다. 모임도 그렇고 우리 삶은 끊임없는 중심잡기가 필요하다. 마구 흔들리지만 그것을 버텨낸다면 조금씩 조금씩 중심잡는 법을 체득하게 된다. 독서모임의 리더는 바로 그 중심의 축인 셈이다.

# 제5장

# 독서모임 만들기 실전편

## 모집 공지를 띄우기 전
## 책에 대한 공신력 쌓아놓기

책을 통해 아무리 많은 지식을 쌓아도 내가 직접 해보지 않으면 내 것이 되지 않는다. 《실행이 답이다》라는 책에서는 실행의 중요성을 이렇게 말한다. "지금 여기서 행하는 이 작은 실천이 얼마나 큰일로 이어질지는 아무도 모른다."

모임을 하고 싶다면 일단 공지를 띄워보자. 만들고 나서 보완해도 늦지 않다. 꼭 책을 많이 읽어야 독서모임 리더가 될 수 있는 것이 아니라 모임을 만들고 많은 책을 읽으면 된다. 나보다 덜 읽은 사람, 나보다 꾸준히 읽지 못하는 사람도 내 모임에 지원할 것이다.

모임 공지는 SNS를 활용한다. 인스타그램, 블로그, 페이스북, 지역 카페 등이 있다. 자신의 SNS 콘텐츠가 미약하거나 친구 수가 별로 없다면 사전에 내가 읽은 책의 리뷰를 SNS에 올리며 준비를 해보자. SNS에 책이 차곡차곡 쌓인다면 모집공고를 내도 공신력이 있을 것이다. 사람들이 '이 사람은 뭐 하는 사람인가?'라는 궁금증에 지난 글들을 찾아볼 것이기 때문이다. 그러면 책을 꾸준히 읽는 모습을 보고 '이 사람이 하는 모임에 나가봐도 되겠다'라고 생각하는 사람도 있을 것이다.

내가 처음 모임을 만들 때도 블로그에 쌓아놓은 서평들이 모집에 큰 도움이 되었다. 실제로 지금까지 쌓은 블로그의 책 리뷰나 독서모임 후기 등을 보고 책 서평 신청은 물론, 독서모임 문의도 많이 들어오는 편이다.

장기적으로 모임을 이끄는 것이 부담스럽다면 '일일 독서모임'을 추천한다. '이런 책을 읽고 싶은데 함께 읽고 나누실 분 없나요?'라는 문구를 작성해놓으면 문의가 들어온다. 요즘에는 지역 카페나 당근마켓의 동네 생활 같은 곳에 글을 올리는 경우도 많다. 내가 사는 지역에서 사람을 모을 수 있는 장점이 있지만, 때로는 다단계나 종교의 포교 활동으로 의심받을 수도 있다. 그래서 본인의 SNS에 미리 책 서평 등을 올려서 본인이 믿을 만한 사람임을 인증해주는 사전작업이 필요하다.

모집에 실패한 독서모임이 하나 있다. 온라인 예비맘 독서모임을 계획하고 아이를 낳기 전 시간 여유가 가장 많을 때 함께 읽으면 좋은 책으로 도서를 엄선했다. 나름대로 준비를 많이 하고 모집공지를 냈지만 아쉽게도 문의만 들어오고 신청자가 없었다. 그렇게 계획한 날짜가 지나고 나는 다른 주제의 독서모임을 구상하고 있었다. 블로그에 올린 모집 글이 내 기억에서 잊힐 때쯤 온라인 모임 전문업체에서 연락이 왔다. 온라인 독서모임의 호스트가 되어보지 않겠냐는 제의였다. 어떻게 나에게 연락이 왔는지 살펴보니 바로 모집에 실패했던 예비맘 독서모임 글을 보고 연락을 준 것이다.

어쨌든 내가 움직이고 글을 올렸기 때문에 이러한 기회가 생긴 것이다. 일단 모임을 만들어 공지를 올려놓으면 어떻게든 기회가 생길 수 있다. 그렇게 그 모임 업체에서의 독서모임을 통해서 또 새로운 주제의 독서모임을 시작한 계기가 되었다. 바로 현재 운영 중인 '온라인 경제 독서모임'이다.

돈 공부가 필요하다는 생각과 경제, 재테크 분야의 책을 꾸준히 읽어야겠다는 필요에서 1년 반 정도 다녔던 재테크 독서모임이 있다. 그 모임을 통해 경제 역사의 전반을 읽는 경제 인문서, 부동산, 주식에 관한 책을 고루 접할 수 있었다. 한 가지 아쉬운 점이 있다면 나처럼 완전한 초보에게는 책의 수준이나 나누는 이야기가 너무 어려웠다는 것이다. 참여하는 분들은 재테크의 고수들이었다. 그러나 나는 재테크라고 하면 예·적금밖에 모르던 때였다. 그런 아쉬운 점을 토대로 재테크 초보, 경제 기초 개념을 함께 배울 엄마들의 모임을 만들기로 했다. 그렇게 온라인으로 '온니맘 경제독서모임'이 시작되었고, 지금은 '경제북클럽'이라는 이름으로 진행 중이다. 경제 개념을 세우고 낭비 습관을 잡는 윤선현 저자의 《부자가 되는 정리의 힘》부터 시작해 주식, 경제 전반을 다룬 피터 린치의 《전설로 떠나는 월가의 영웅》, 자본주의의 시스템 속에 살고 있는 현재 우리는 어떻게 자본주의에서 살아남을 수 있을지 알려주는 EBS 다큐프라임 제작진이 엮은 《EBS 다큐프라임 자본주의》, 초등학생에게 경제 개념을 알려주는 경제 동화인 보도 섀퍼의 《열두 살에 부자가 된 키라》, 노숙자에서 잘나가는 세무사가 된 저자 카메다 준이치로가 돈을 끌어당기는 사람들과 그들의 지갑을 관찰한 《부자들은 왜 장지갑을 쓸까》, 경제용어와 코로나 이후의 경제 흐름을 이해하기 쉽게 설명해주는 오건영의 《부의 시나리오》, 부자가 되는 지름길을 알려주는 엠제이 드마코의 《부의 추월차선》, 어린 시절에 겪었던 두 아빠, 부자 아빠와 가난한 아빠의 경제관념을 비교하며 돈에 대한 선입관을 깨는 로버트 기요사키의 《부자 아빠 가난한 아빠》 등등 다양한 책을 읽었다.

중간에 위기도 여러 번 있었다. 경제 도서를 한 달에 두 권씩 읽으니 신청자가 3개월 이후부터 급감했다. 어떤 달에는 신청자가 두 명이었는데 줌 모임에 한 분이 불참해 1대1로 모임을 진행하기도 했다. '여기서 그만둘까'라는 생각도 들었지만 경제 도서는 꾸준히 읽을 필요성이 있기 때문에 계속 공지를 올리되 경제

신문 읽기 프로젝트와 병행하기로 했다. 경제신문도 경제 공부에 빠질 수 없는 내용이기 때문이다. 그렇게 경제신문 읽기 모임으로도 인원을 모으고 그분들이 독서모임에도 함께하면서 위기를 넘기고 계속 이어갈 수 있게 되었다.

'천 리 길도 한 걸음부터'라는 속담이 있다. 천 리는 약 400킬로미터의 거리다. 천 리나 되는 길을 어떻게 갈 수 있을까? 바로 한 걸음을 떼는 것이다. 일단 해보라는 말이다. 시작이 반이라고 하지만, 경험상 독서모임은 시작이 반 이상이다.

## 독서모임은
## 두 명이어도 가능하다

일단 모임을 만들기로 했는데, 모집이 한 명밖에 안 된다면 어떨까? 처음부터 내가 원했던 적정 인원으로 모임을 하면 좋겠지만 그렇지 않더라도 모임 만드는 것을 포기하지 말기를 권한다. 우선 내가 이 모임을 왜 만드는지 생각해볼 필요가 있다. 독서모임으로 돈을 벌 것인지, 내 경력을 쌓을 것인지, 책을 읽고 나눌 책친구가 필요한지 목적을 분명히 해야 한다. 한 가지든, 세 가지 모두 다 해당하든 한 명만 와도 모임을 시작해보기를 추천한다.

독서모임으로 부수입을 올릴 수도 있다. 회비를 받고 운영할 때 운영비를 제외한 금액이 수입이 된다. 여러 개의 독서모임으로 1인 기업을 운영하는 분도 있다. 또한 독서모임을 운영하면서 경력도 쌓을 수 있다. SNS에 모임 후기를 꾸준히 올리다 보면 나를 알릴 수 있는 기회가 된다. 설사 누가 알아주지 않아도 후기가 차곡차곡 쌓이면 그것이 나의 경력이 된다. 그 자원을 바탕으로 사람들이 모이고 내 실력도 쌓인다. 이 두 가지 모두 먼저 '책을 읽고 나눌 책친구'를 만들면 이루어질 수 있는 일이다. 책을 읽고 나눌 친구가 한 명만 있어도 모임은 가능하고, 모임 후기를 쓸 수 있다. 그것을 SNS에 기록하고 모임 경력을 쌓을 수 있다. 독서모임 경력을 쌓으면서 회비를 받을 수 있고, 부수입으로 만들 수 있다.

내가 진행하는 모임 중 토요일 워킹맘 모임은 나와 회원 한 명으로 시작했다. 회원은 한 명이었지만 그래서 다양한 이야기를 나눌 수 있었다. 일반 책과 그림책 두 권을 하루에 나눌 수도 있었다. 인간과 세상을 바라보는 틀이 자신의 오해와 편견에 따른 것임을 알려주며 그것에서 벗어나는 방법을 찾는 최인철 교수의 《프레임》과 전래동화 〈토끼와 거북이〉 그 이후의 이야기로 토끼를 이긴 거북이가 자신의 본모습이 드러날까봐 전전긍긍하며 진정한 자신의 모습을 찾는 과정을 보여주는 유설화 작가의 그림책 《슈퍼 거북》, 두 권에 대한 의견을 나누다보니 한 시간 반이 모자랐다. 회원이 적어서 더 돈독해질 수 있는 계기도 되었다. 처음에는 사실 '회원이 한 명인데 모임을 해야 되나?'라는 생각이 들었다. 고민 끝에 '일단 시작하면서 사람은 더 모집하면 되지'라는 생각으로 모임을 시작했고, 결과적으로 적정 인원이 모인 모임이 되었다.

독서모임 회원 중 한 분이 친구와 함께 둘이서 책 모임을 한다고 했다. 그것이 바로 독서모임이다. 친구를 만나서 그냥 수다 삼매경에 빠지는 것이 아니라 책 이야기로 그 시간을 꽉 채우면 그것이 바로 독서모임이다. 그렇게 시작하면 3명이 되기 쉽고, 적극적으로 모집을 한다면 그 이상도 모일 수 있다.

예전에 회원으로 참여한 재테크 독서모임의 리더는 나와 둘이서 첫 모임을 시작했다. 회원이 모집되지 않더라도 그 시간 그 장소에 나와 혼자라도 모임을 시작하려고 했다고 한다. 그 말에 크게 감동을 받았다. 독서모임을 하려고 정해놓은 시간은 자신과 약속한 시간이며, 혼자라도 독서모임을 위한 시간이라고 했다. 나도 모임의 리더를 맡아서 하고 있었지만 그런 정신을 본받아야겠다고 생각했다. 실제로 그 리더는 우리 모임 외에 다른 모임 때 회원이 모두 불참해도 혼자서 모임 시간에 나가 책을 다시 읽고 정리해 블로그에 모임 후기를 올린다. 혼자서라도 독서모임 경력을 쌓을 수 있음을 몸소 보여주는 사례다.

나도 한 명만 참여해도 모임을 진행하고 있다. 모임 신청을 받을 때 한 명만 신청하면 사실 고민이 된다. 하지만 그 한 명이 내게 시간을 내어주는 마음을 존중해 꼭 모임을 연다. 다른 강의 같은 경우 신청자가 5명 이하면 폐강한다는 공지를 본다. 독서모임에서는 5명이면 충분하다. 강의가 아니라 독서모임이기에 가능하고, 충분히 소중한 인원이다.

한 명과 시작한 엄마 독서모임(맘,쉼)은 10개월을 둘이서 진행했다. 둘이지만 매번 기록을 남겼다. 블로그에 모임에서 어떤 책을 토론했는지, 그때 나눈 이야기는 무엇이었는지를 적어두었다. 10개월이 지나 추가 모집을 했고, 모집은 바로 마감되었다. 그렇게 될 수 있었던 것은 그동안의 기록 덕분이라고 생각한다. 한 달도 거르지 않고 꾸준히 모임을 하고 기록을 계속 남겼기 때문이다.

사람이 많은 것보다 1대1의 상황이 더 어색하게 느껴질 수도 있다. 그러나 낯선 이와 소개팅을 하는 것은 아니니 부담을 갖지 않아도 된다. 또 책이라는 매개체가 있어서 책 이야기를 하다 보면 어색함도 조금씩 없어진다.

온라인 모임의 경우 1대1의 상황은 더 어색할 수 있다. 경제 독서모임을 하면서 줌 모임 당일 참여한 회원이 딱 한 명인 날이 있었다. 보통 줌으로 할 때 걸리는 시간이 1시간 반~2시간이었다면 이때는 1시간 안에 마쳤다. 각자 책을 읽고 인상 깊었던 부분을 나누고 준비해간 질문과 답을 공유하며 모임 시간을 채웠다. 인원이 많을 때 말하지 못했던 부분을 나눌 수 있었고, 경제 기사도 충분히 나눌 수 있었다. 참여자가 적어서 걱정되기도 했지만, 준비해간 것들을 여유 있게 나누는 시간으로 채울 수 있어 더욱 알찬 부분도 있었다. 온라인에서도 역시 책이라는 매개가 있어서 부담없이 할 수 있었다.

회원이 많든 적든 리더의 역할은 같다. 회원이 적다면 오히려 작은 모임으로 독서모임을 이끄는 힘을 기르는 연습이 될 수 있다. 작은 모임 운영 노하우가 쌓이는 것이다. 처음부터 많은 회원으로 허둥지둥하는 것보다 적은 인원으로 노하우를 쌓으며 모임을 키워나가는 재미를 얻을 수 있다. 그렇게 노하우가 쌓이면 회원이 많은 큰 모임을 이끄는 일도 충분히 잘 해낼 수 있을 것이다. 두 명의 모임이라도 꾸준한 모임과 기록이면 충분히 독서모임이 될 수 있다.

# 리더십은 지식이 아니라 경험이다

모임을 이끈다는 것은 모임에 참석하는 것과는 완전히 다르다. 마음가짐이 다르고 어깨도 무겁다. 학교에서 반장이나 부반장 등의 학급위원을 맡거나 하다못해 조별활동의 장만 맡아도 그 수업에 임하는 태도가 달라진다. 우리 모둠이 좋은 결과를 얻을 수 있도록 조원들의 협동심을 이끌어내야 한다.

고등학생 때 청소년 적십자인 RCY 동아리에 들었다. 학년별 대표인 단장이 있었는데 신입인 우리 1학년도 단장, 부단장을 지원해서 뽑았다. 단장은 중요한 행사가 있을 때 책임감 있게 참여하고 단원들을 이끄는 자리였다. 뽑힌 1학년 단장은 일반부원처럼 활동했다. 단원들을 이끄는 리더로는 조금 부족했다. 결국 1학기가 끝나고 선배들의 긴급회의로 1학년 단장을 다시 뽑았고 나는 졸업할 때까지 우리 학년의 단장을 맡았다. 힘들었던 점은 강압적이던 동아리의 분위기 때문에 나도 후배들에게 강압적인 모습을 보여야 했다. 몇 년 후 같은 대학에 들어온 동아리 후배는 나를 무서운 선배로 기억하고 있었다. 그것은 사실 내 성격과는 정반대의 모습이었다. 그때의 경험을 통해 리더라는 자리가 얼마나 어려운지 알게 되었다. 내 뜻대로 사람들을 마음대로 할 수 없다는 것도 배웠다. 내가 무언가 일탈행위를 했을 때 동아리 임원 선배는 나를 불러 혼을 내곤 했다. 단장인 나의 모습이 곧 우리 학교 RCY의 모습이 될 수 있다는 이유였다.

리더는 그 모임을 대표하는 얼굴이다. "리더는 별론데 모임에 오는 사람들은 좋아." 이런 말을 하는 사람도 있었다. 사실일 수 있다. 하지만 리더가 없다면 그 좋은 사람들이 모이는 모임이 만들어지고 존재할 수 없다. 모임에 대해 잘 모르더라도 리더를 보고 독서모임에 참여하는 사람도 많다. 리더의 경력이나 모습을 보고 그 모임에 들어가도 되겠다고 판단하는 것이다. '이 사람들을 어떻게 믿지?'라는 의문은 누구나 처음 모임에 들어갈 때 드는 생각일 것이다.

토니 로빈스가 부의 거인들을 인터뷰한 내용을 담은 《머니》에서는 J.P.모건애셋매니지먼트의 CEO 메리 캘러핸 어도스가 리더십을 다음과 같이 정의했다. "내가 생각하는 리더십이란 나도 하지 않을 일을 남에게 시키지 않는 것을 뜻합니다. 단순히 팀을 이끄는 리더만이 아니라 그들 앞에 서서 순탄한 여행이 되도록 이끌어주는 것이 내 일입니다."

독서모임 리더도 마찬가지다. 단순히 모임을 이끄는 것이 아니라 회원들 앞에 서서 순탄한 독서 여행이 되도록 이끌어주는 것이 독서모임 리더의 역할이다.

앞서 유재석과 강호동의 리더십에 대한 이야기를 했다. 어떤 유형의 리더십이 더 낫다고 판단하기 어렵다. 리더십을 타고난 사람도 있고 만들어가는 사람도 있다. 상황에 따라 사람에 따라 리더십의 모양은 달라지겠지만 그 기본은 유지해야 한다. 모임을 얼마나 잘 운영할 것인지, 모임에 오는 분들에게 어떤 양질의 시간을 제공할 것인지, 어떻게 회원들의 순탄한 독서 여행을 이끄는 길잡이 역할을 할 것인지가 그것이다.

모임 리더는 몇 달간의 일정을 미리 계획한다. 지루하지 않게 이벤트도 만들고, 책을 선정하기 전에 먼저 읽어보기도 한다. 마땅한 책이 아니면 탈락시키고 새로운 책을 찾아본다. 모임에 좋은 장소가 있는지, 손품 발품을 팔아서 가보기도 한다. 사람들을 모을 모집 공지도 직접 만들고 홍보한다. 기획, 마케팅, 홍보, 회원 모집 등 모든 것을 하는 '올라운드 플레이어'라 할 수 있다. 보이는 모습은 독서모임 진행자이지만, 모임 운영을 위해 물 밑에서 열심히 젓고 있는 발은 보이지 않는다.

얼마 전 모임에서 한 분이 '리더님의 부드러운 리더십으로 모임에 잘 참여할 수 있게 되었어요'라고 후기를 남겼다. 강압적이 던 고등학생 RCY 단장의 모습에서 부드러운 리더라는 말을 듣기까지 경험을 통해 오랜 시간이 걸렸다.

아주 작은 모임의 리더라 할지라도 직접 겪어보지 않으면 리더십을 깊이 알 수 없다. 멍석을 깔기도 전에 나서서 일하는 리더도 있고 멍석을 깔아주면 자신도 모르던 리더십을 발휘하는 리더도 있다. 자신이 서번트 리더십을 가졌는지, 카리스마 리더십을 가졌는지는 일단 리더를 해봐야 안다. 자신만의 리더십으로 모임을 멋지게 만들어보는 것도 삶에서 정말 큰 경험이 아닐까?

# 사람은 겪어봐야
# 속까지 알 수 있다

직장 생활을 하며 많은 사람을 만나게 된다. 병원이라는 곳에서 일하며 불특정 다수를 많이 만나다 보니 처음 본 사람이라도 인사하기 전 표정과 걸음걸이만 봐도 어떤 사람인지 느낌이 온다. 인사를 하고 말을 나눠보면 어떤 사람인지 거의 파악이 된다.

독서모임에 오는 사람들도 다양하다. 모임에 처음 온 분들을 살펴보면 유난히 조용하거나 말이 많은 분들이 있다. 그중에 성실하고 오래가는 사람은 조용한 분들이 많다. 묵직하게 꾸준히 모임에 참석하는 분들이다. 반면, 말이 많은 분들은 자신의 그 말들을 쏟아내기 위해 오는 분이 많다. 그런 분들은 자기 이야기를 할 수 없을 때 쉽게 흥미를 잃고, 모임에 곧잘 빠지기도 한다.

다음은 내가 만났던 많은 회원의 대표적인 유형들이다.

## 말이 많은 A씨

A씨는 처음부터 말이 많았다. 블로그를 통해 이미 나를 알고 있던 사람이었다. 사회 경험도 많았고 자신의 분야에서 성공한 경험이 있는 사람이었다. 모임의 회원들보다 나이도 많아서 모임에 온 첫날부터 이야기보따리를 잔뜩 풀었다. 기존의 회원들은 모두 조용한 편이었다. 새로 온 사람에 대한 예의와 연장자 우대로 다들 조용히 A씨의 이야기를 들어주었다. 간간이 맞장구도 쳐주니 결국 A씨의 독무대가 되었다. 애가 타는 건 리더인 나뿐이었다. A씨가 혼자서 시간의 지분을 80퍼센트 이상 가져간 날 나는 그 자리가 가시방석이었다. 다음 모임에서는 자중하겠지 라고 생각했지만 여전히 변함이 없었다.

## 조용한 B씨

옆에서 한마디를 해보라고 찌를 정도로 B씨는 말이 적었다. 그녀도 역시 블로그를 통해 나를 알고 있는 사람이었다. 나이는 어리지만 많은 사회생활과 경험이 그녀를 더 단단하게 해준 듯싶었다. 규모가 크고 체계적인 독서모임에도 이미 참여해본 경험이 있는 사람이었다. 말을 거의 하지 않아 내가 오히려 더 긴장이 되었다. 시간이 지나고 보니 말을 아끼고 생각이 깊은 사람이었다.

말부터 꺼내지 않고 찬찬히 생각을 정리한다는 그녀는 다른 사람들의 이야기를 주의 깊게 들어주고 한마디 툭 던지는 정도였다. 그 한마디는 핵심을 찔렀고, 그날 나누는 이야기의 요약본이었다.

## 관심사에만 말이 많은 C씨

평소에 그녀는 눈의 초점이 흐렸다. 첫 모임 날, 조용히 앉아 인사를 해도 딱 인사만 받아서 낯을 가리는 성격이라고 생각했다. 초반 출석률은 높았다. 좋은 출석률만큼 양질의 대화도 나누면 좋은데 자신의 관심사 이외에는 입을 열지 않았다. 아이스브레이킹으로 독서토론 전 근황을 이야기할 때는 열심히 말하고, 그 이외에는 다시 초점이 흐려졌다. 다른 분들이 독서 토론을 하고 있을 때 갑자기 자기 아이의 사진을 찾아보며 "너무 귀엽다"라며 감탄사를 내뱉어 다른 회원들이 당황하는 눈빛을 교환하기도 했다. 독서모임보다는 자신의 이야기를 털어놓기 위해서 오는 듯한 모습이었다. 리더가 "책 이야기 나누시죠, 이제 시간이 얼마 안 남았어요"라고 이야기를 끊어도 상관하지 않는 태도가 못 알아듣는 것인지, 못 들은 척하는 것인지, 아니면 리더를 무시하는 것인지 속내를 알 수 없었다.

## 눈빛이 초롱초롱한 D씨

추가 인원 모집을 통해 들어온 D씨는 첫 모임 때 너무 조용했다. 첫날에는 듣기만 하고 가겠다고 양해를 미리 구했던 D씨는 모임 출석률 100퍼센트를 달성했다. 나중에 알고보니 모임에서 말하는 것이 너무 떨려서 모임 전날에 남편 앞에서 말하기 연습을 했다고 한다. 모임을 통해 책을 읽고 나누면서 자기 일을 찾아가는 모습을 보여주기도 했다. 그녀의 첫인상은 눈빛이 반짝반짝했다.

## 필요할 때만 나타나는 E씨

모임에 몇 번 나오면서 친근한 관계를 유지했다. 일이 있어서 못 나온다는 날이 한두 번 지속되다가 모임에 한동안 보이지 않았다. 어느 날은 연락도 없이 갑자기 모임에 나왔다. 단톡방에서 나가지 않고 공지를 계속 확인하고 있었던 것이다. 오랜만에 오는 날은 그 책에 자신 있는 날이었다. 공지를 보면서 본인이 읽고 싶은 책을 나눌 때만 골라서 오는 눈치였다. 한동안 모임에 뜸하더니 아이의 돌잔치와 둘째 출산을 앞두고 다시 모임에 참석했다. 정이 많던 회원들은 십시일반으로 돈을 모아 선물을 해주었는데, 둘째 출산 이후로 모임에 나타나지 않았다. 결과적으로 보면 아이 돌잔치를 염두에 두고 참석했던 것으로 보인다.

《1그램의 용기》에서 본 한비야 작가의 소개팅 이야기가 있다.

어느 날, 그녀는 호텔 카페에서 소개팅을 했다. 상대는 이야기도 잘 통하고 점잖기까지 해서 자리를 옮겨 식사도 했다. 다음을 기약하며 자리를 옮기는 과정에서 상대방이 자신의 운전기사와 지나가던 시각장애인에게 무례하게 행동하는 모습을 보게 된다. 그녀는 본인에게 했던 모습과 정반대되는 모습을 보면서 '이 사람은 아니다'라는 생각이 들어 바로 헤어져 돌아왔다고 한다. 둘이서 이야기를 나눌 때는 점잖은 모습을 보였지만 자기보다 약자를 무시하는 행동은 그 사람의 본모습이라 할 수 있다.

그 사람이 어떤 사람인지를 제대로 알기 위해서는 겪어봐야 안다. 모임에 오는 사람도 마찬가지다. 때로는 '내가 무슨 부귀영화를 누릴려고 이 고생을 하지?'라는 생각이 들기도 했다. '책을 좋아해서 모이는 사람들이 왜 이렇게 행동하지?'라는 생각도 들었다. 시간이 흐르면서 책을 좋아하는 것과 행동하는 것의 괴리감을 이해하게 되었다. 나부터도 그 간격을 좁히기 위해 열심히 책을 읽고 있다. 다양한 유형의 사람들을 겪으며 그것이 나를 더 단단하게 만드는 과정이라고 생각한다. 모임은 어디서도 배울 수 없는 인생의 배움터라 할 수 있다.

## 회원으로 참여할 것인지,
## 모임을 만들어 리더가 될 것인지
## 필요에 따라 선택하기

———— 5개월 된 쌍둥이 아들을 둔 엄마 J씨가 있었다. 그녀는 아이들을 남편에게 맡기고 저녁에 하는 독서모임에 참여했다. 어린아이를 두고 나온 엄마들은 아이 돌보기가 서툰 남편이 아이가 조금만 울어도 전화를 하는 통에 모임을 하다 집으로 불려가기 일쑤였다. 그렇게 자꾸 불려가다 보니 다음부터는 독서모임에 당분간 나올 수 없다고 이야기하는 분도 있었다. 그런데 하나도 아닌 쌍둥이의 아빠는 돌봄 능력이 좋은 것인지, 아니면 아내의 유일한 외출 시간을 온전히 쓰라는 배려인지 모임 하는 내내 한 번도 전화하는 법이 없었다. J씨는 다른 아기 엄마들보다 아이가 더 어렸음에도 열심히 읽고 참여하고 토론을 했다. 누구보다도 열심이었던 그녀는 어느 날 모임을 나가기로 했다. 자신

만의 독서모임을 만들기 위해서였다.

그녀는 자신의 첫 독서모임이었던 우리와의 모임에서 많이 성장했다. 배움과 성장이 일정 수준을 넘어서면 그 노하우를 다른 사람들과 나누고 싶은 욕구가 생긴다. 그녀도 그런 욕구가 생긴 것이다. 새로운 독서모임을 시작하고 싶다는 그녀를 진심으로 응원했다. 처음을 구상하고 어떤 시간으로 만들 것인지 고민하는 그녀의 모습이 예전의 내 모습을 떠오르게 했다. 그녀는 내실 있는 독서모임의 리더가 되어 많은 활동을 하고 리더로서의 성장을 이어나갔다. 그녀는 독서모임 회원일 때 매우 성실한 회원이었기 때문에 빠른 성장세를 보이며 결국 자신의 모임을 이끄는 능력을 갖추게 되었다.

시중에는 독서모임 리더를 양성하는 기관이 생겼다. 오랜 기간 독서모임을 하던 분들이 자신과 같은 독서모임 리더를 위한 강좌를 열고 전 과정을 수료하면 리더 자격을 주는 내용이다. 그곳에서는 여러 분야의 책을 읽고 나누고, 발제하는 법을 알려주며 모임의 기획, 마케팅, 회원 모집 등의 방법을 가르쳐준다. 그 자격을 받기 위해서 먼저 하는 것이 독서모임이다. 일단 책을 읽고 나누는 것이 우선이기 때문이다. 그 기관을 통해 교육을 받고 독서모임의 리더가 되는 것도 한 방법이다.

독서모임 리더 양성기관에서 과정을 수료하면 초기에는 모임에 대한 큰 틀을 제공해주기도 한다. 실습 기간에 그런 프로그램을 제공하기도 하는데, 몇 회 진행할 책을 선정해주고 발제문과 비용까지 정해준다. 예비 리더들은 그 틀을 가지고 모임을 진행하게 되어 본격적으로 자신의 모임을 할 때 큰 어려움 없이 모임을 진행할 수 있게 된다. 그런 점에서 초보 리더들이 그 기관에 많이 등록하고, 자신이 없는 사람도 시작해볼 용기를 갖게 된다. 또 그렇게 시작해보면 자신만의 스타일로 모임을 다듬어갈 수 있게 된다.

독서모임의 회원에서 리더가 될 수 있듯 한 모임의 리더도 다른 독서모임의 회원이 될 수 있다. 다른 곳의 회원이 되어 독서모임을 해보면 리더의 눈으로 그 모임이 보이게 된다. 일반 회원으로서 참여하는 사람보다 더 많은 것이 눈에 들어오는 것이다. 회원들은 어떤 마음으로 모임에 임하는지 등 리더가 알 수 없는 부분도 느끼게 되며, 운영하는 모임에 참고자료가 되기도 한다.

코로나 이후 처음 줌으로 독서모임을 했을 때 그 어색함은 대면 모임과 많은 차이가 있었다. 물론 몇 년간 얼굴을 직접 보던 사이였기 때문에 이야기 나누는 것은 차이가 없었다. 하지만 회원 모두가 줌의 기능을 알아야 하는 것은 물론이며 리더의 역할이 하나 더 늘어나는 느낌이었다. 나는 코로나 이전부터 줌을 이용하는 모임에 참여하고 있었다. '많은 인원이 있는데 어떻게 진행할까? 시간 배분은 어떻게 할까? 고요함이 흐를 땐 어떻게 할까?'라는 세부사항에 대한 궁금증을 안고 그 모임에 참여했기 때문에 그에 대한 답을 얻을 수 있었다. 많은 인원은 소그룹으로 나누었고, 소그룹에 할당된 시간과 전체 그룹에서 나눌 시간의 알맞은 분배, 고요함이 흐르지 않게 오디오를 꽉 채워주는 리더의 이야기까지 다른 모임의 회원이 되어 진행 상황을 배울 수 있었다.

모임의 회원들을 살펴보면 그냥 책 읽기를 좋아하는 사람이 있고, 리더로 활동하고 싶어 하는 사람도 있다. 그냥 책 읽기를 좋아하는 회원은 리더로서의 역량이 부족하다기보다는 다른 것에 신경 쓰지 않고 자신의 성장에 역점을 두는 사람이다. 리더를 맡으면 아무래도 책도 좀 더 신경 써서 읽어야 하고, 진행도 맡아야 한다. 또 다른 회원들보다 책을 더 많이 알고 박식하면 유리하다. 함께 나눌 질문(발제)도 생각해야 하고, 회원들의 이야기가 끝나면 그 말에 대한 요약이나 설명이 필요하다. 그런 점이 리더가 되는 일이 부담이 될 수도 있다.

그러나 어떤 책을 읽고 나누고 싶은데 먼저 주최하는 사람이 없으면 만드는 수밖에 없다. 자신에게 맞는 독서모임을 찾기가 어렵다면 자신이 원하는 독서모임을 한번 만들어보는 것도 방법이다.

## 독서모임 리더가 되면
## 더 많은 것을 경험하게 된다

─────── 독서모임을 운영해본 리더들이 독서모임 리더 양성과정을 만들기도 한다. 독서모임의 묘미를 알고 그중에서 리더는 더 많은 성장을 할 수 있다는 점을 알기 때문이라고 생각한다.

앞에서 이야기했던 J씨는 자신만의 독서모임을 열었다. 우리가 하던 장소와 약간 떨어진 곳이었는데, J씨의 집에서 가까운 곳이었다. 주제는 우리와 다른 '인문 고전문학'이었다. 우리 모임에서 잘 하지 않던 분야였고, 고전 읽기와 글쓰기도 함께 하는 등더 체계적이고 알찬 모임으로 만들었다. 독서 동아리 지원사업에도 선정되어 저자특강이나 회원들의 글을 엮어 책으로 만드는 등의 다양한 활동을 진행했다.

또 다른 A씨는 자신의 전공을 살려 독서모임을 열었다. 그녀는 대학원에서 유아교육을 전공하고 있었는데, 대학원 교재로 쓰일 법한 그런 책을 선정 도서로 정했다. '누가 저렇게 두꺼운 책을 같이 읽는다고 할까?'라고 생각했는데, 일찍 신청이 마감되었다. 그 분야의 전문가다 보니 양질의 책을 선정하고 더 깊이 있는 이야기를 나눌 수 있어 전문 분야 독서모임을 진행하고 있다.

또 책에 대한 지식이 풍부하던 B씨는 전문 독서 리더 양성과 정을 들으면서 자기계발 전문 독서모임을 준비해 모임을 만들었다. 무게감 있는 도서들을 선정 도서로 정하고 체계적인 시스템을 갖추고 모임을 운영했고, 성공적으로 모임을 이끌고 있다.

활발한 성격의 C씨는 자녀가 다니는 기관의 학부모들과 친밀하게 지냈다. 그중에 말이 잘 통하고 책 읽는 것을 좋아하는 엄마들과 함께 모임을 만들었다. 서로 돌아가며 책을 추천하고 책 이야기와 육아 이야기를 섞어가며 즐거운 모임을 운영하고 있다.

고전 인문 독서모임으로 열정적으로 모임을 운영하던 J씨가 하던 모임의 종료를 알려왔다. 여러 가지 상황으로 모임을 잠시 중단하겠다고 했고, 그 모임에 참여하던 회원들의 일부는 다시 다른 독서모임을 만들어 운영하기 시작했다. 각각 자신들이 모임의 리더가 되어 사람들을 모아 책을 읽고 나누는 것이다. 그들은 모임의 회원이었을 때 리더가 했던 것을 참고로 자신만의 스타일대로 모임을 만들어나갈 것이다.

단기간 운영하는 독서모임이나 프로젝트에는 그 리더의 진행

방식이 궁금해서 들어오는 사람이 많다. 그곳에서 리더의 방식을 보고 똑같이 모임을 만드는 사람도 있다. 그러나 확실한 점은 똑같아질 수는 없다는 것이다. 기술적인 것을 가져가 따라 하더라도 자신만의 것을 첨가해야 실패하지 않는 독서모임이 될 수 있다.

코로나19 이후로 독서모임이 더욱 활발해졌다. 왜 그럴까?

사람들은 도태되지 않고 더 나은 사람이 되고 싶어 한다. 큰 성장이 아니더라도 하루하루 나아지는 사람이 되기를 누구나 바란다. 책은 끊임없이 나아지도록 이끌어주는 지침서 역할을 해준다. 또한 코로나로 인해 해외여행이나 자유로운 이동이 제한되고 집에서 생활하는 시간이 늘어나면서 비슷한 관심사를 가진 사람들과 공통의 관심사를 나누는 일이 더욱 중요해졌다. 언제 어디서든 비대면으로 만날 수 있는 온라인 모임은 가장 좋은 수단이다. 그에 따라 소단위의 작은 모임과 비대면 온라인 모임이 급속히 확산되고 있다.

인공지능의 알고리즘 발달 등으로 사회는 더욱 '초개인화' 되어 가고 있다. 예전에는 평준화 교육을 받고 사회가 세워놓은 가치관에 따라 많은 사람이 비슷한 삶을 살아갔다. 그러나 이제는 자신의 개성을 살리고 자신이 원하는 삶을 살아가는 일이 점점 중요해지고 있다. 그러기 위해서는 자신을 잘 아는 일이 무엇보다 중요하다. 자신을 찾고 자신의 삶을 잘 살아가기 위해서는 책과 관심사가 비슷한 친구가 필요하다.

독서모임의 리더가 되어 얻은 장점을 열거해보면 다음과 같은 것이 있다.

1. 혼자 읽을 때보다 책을 더 많이 이해하게 된다.

   모임을 진행하기 위해서 그날의 책을 잘 이해하는 일이 중요하다. 사전에 읽어보고, 기간 중 다시 읽어보면서 발제를 뽑고 마무리를 위해 저절로 책을 집중해서 읽게 된다.

2. 다양한 분야의 책을 살펴볼 수 있다.

   한 분야를 전문적으로 읽는 모임이 아니라면 다양한 분야의 책을 골고루 읽을 수 있게 선정한다. 분기별로 책을 정하면서 매번 다른 장르의 책을 선정한다. 다양한 분야의 책을 읽어보고 살펴보면서 독서의 범위가 넓어짐을 느낄 수 있다.

3. 책을 요약하는 능력이 길러진다.

   선정 도서를 전체적으로 파악해야 어떤 이야기가 나오든 대처할 수 있다. 세세한 부분까지 기억하진 못하지만, 전체의 줄거리는 정확히 알고 있어야 모임 진행이 가능하다. 책을 꼼꼼하게 읽으면 요약하는 것도 그리 어렵지 않다.

4. 작은 그룹을 이끌며 리더십을 배우게 된다.

   3, 4명의 작은 모임이라도 운영을 하면서 운영 노하우가 생

긴다. 작은 모임을 운영하면서 노하우와 리더십이 생기게
되고, 그것을 바탕으로 좀 더 큰 규모의 모임을 운영할 수
있게 된다.

5. 타인의 성장을 돕는 사람이 된다.

책과 독서모임을 통해서 나도 성장하고 다른 사람의 성장
도 도울 수 있다. 리더도 성장하고 회원도 같이 성장하는
시간이 바로 독서모임이다.

6. 모임의 기획, 운영 전반에 걸쳐서 모임을 이끌어가는 힘이
생긴다.

모임의 처음부터 끝을 도맡아 해야 하기 때문에 모임 만들
기, 마케팅, 인원 모집, 모임 진행, 회원 관리 등 총체적인
것을 경험하게 된다. 규모가 아주 크지 않은 이상 대부분
리더 혼자서 해야 할 때가 많다.

7. 글쓰기 능력이 좋아진다.

사람을 모으기 위해서는 모임의 특성을 잘 살려서 모임에
오고 싶게끔 글을 써야 한다. 모임을 마친 후에도 모임 후
기를 정리하며 SNS에 올리게 된다. 그런 글을 계속 쓰면서
글쓰기 능력이 길러지고, 모임을 진행하면서 중요 내용을
잘 잡아내는 능력이 향상된다.

이제 어딜 가든 독서모임을 쉽게 찾을 수 있고, 책을 좋아하고

생활화하는 사람들이 모임을 직접 만들 수 있는 환경이 마련되어 있다. 독서모임을 꾸려보는 것도 좋은 삶의 경험이 될 수 있을 것이라 생각한다.

# 무늬만 독서모임 말고
# 진짜 독서모임 찾기 팁

한번은 모집 공지에 이런 질문이 올라왔다. "혹시 종교모임은 아니겠죠?"

그런 질문이 낯설지 않은 것은 독서모임을 가장한 포교 활동이 많기 때문이다. 그렇게 질문한 분은 "진짜 독서모임입니다"라는 나의 답을 믿고 우리 모임에 합류했다.

여러 종교의 포교 활동이 나쁘다는 것이 아니다. 당당하게 불교나 기독교 등의 종교라고 밝히지 않고 교묘히 독서모임 뒤에 숨어 기회를 엿보다가 회원들을 포교하는 그런 것에 사람들은 마음이 상한다. 그런 행위는 정말 독서가 하고 싶어서 참가한 사람에 대한 예의가 아니라고 할 수 있다. 한창 외국인 선교사가 짝을 지어 다니며 무료 영어 스터디를 해주던 일이 있었다. 사람들은 '외국인, 영어'에 쉽게 혹한다. 그래서 포교 활동을 교묘히 숨길 수 있었던 일도 많았다.

그런 일이 밝혀지고 나서는 더 다양한 방법의 포교 활동이 생겨났다. 영어 스터디뿐만 아니라, 악기 강습, 심리 상담, 인문학 강의, 천연 비누나 초 만들기 등 일반 문화센터처럼 장소를 만들어 그런 활동을 하기도 한다. 예전에 다니던 직장 위층에 문화센터가 들어왔다. 일을 마치고 가서 배워 보려고 수업을 알아봤지만, 일반인에게 공개되지 않았다. 중년의 여성들이 자주 가는 뭔가 비밀의 문 같았다. 나중에 알고 보니 코로나19가 터지고 전국적으로 문제가 됐던 그 종교에서 운영하는 문화센터였다. 그 일이 터지고 그 문화센터도 곧 없어졌다.

모임 장소로 자주 가는 카페에 책을 읽으러 간 일이 있다. 단체석에서 무슨 모임을 하고 있었다. 거리를 두고 입구 쪽에 앉아 책을 읽으며 커피를 마셨다. 모임이 끝났는지 단체석에서 사람들이 빠져나왔다. 약 10여 명 정도 되는 인원이었다. 다들 정장을 입고 있었다. '무슨 영업하는 사람들 모임인가?'라고 생각했다. 내 앞을 지나 밖으로 나간 남녀가 다시 카페로 들어오더니 곧장 내 앞으로 왔다. 그러면서 말을 걸었다. "책 읽는 모습이 아름다우십니다. 저희는 독서모임을 하고 있는데 같이 해보실래요?"라며 명함을 한 장 건네주었다. "아, 예…"라고 하면서 일단 받았다. 생각 있으면 전화를 하라며 그들은 다시 사라졌다.

명함의 앞은 독서모임, 뒷면은 글쓰기 모임이라고 적혀 있었다. 당시 내가 하는 독서모임이 있어서 참여할 마음은 없었지만, 뭔지 매우 궁금했다. 그래서 카페 직원에게 "저 모임 뭐예요?"라고 물으니 "그냥 책 읽고 발표하고 그러던데요"라고 했다. 인터넷으로 검색도 해봤지만, 그 독서모임에 대한 글은 전혀 찾을 수 없었다. 모든 사람이 정장을 입고, 낮 2시 정도 되는 오후 시간에 많은 남녀가 시간을 내서 독서모임을 하는데 왠지 순수한 독서모임은 아닌 것처럼 보였다.

종교뿐만 아니라 보험, 영업, 다단계, 이성 교제 등을 목적으로 독서모임을 이용하는 일도 많다. 책보다는 다른 목적을 위해 독서모임을 이용하는 독서모임은 순수한 독서모임을 하는 사람들에게 피해를 준다고 해도 과언이 아니다. 또한 사람들의 지적 허영심을 노리는 모임도 있다. 그렇다면 책을 이용하는 모임을 가리려면 어떻게, 어떤 점을 확인해봐야 할까?

1. 모임의 목적을 살펴보기 2. 너무 호의적이진 않은지 살피기 3. 따로 연락하는가 4. 모임에서 어떤 이야기가 오고가는지 살피기 5. 무조건 퍼주지 않는지 6. 독서모임 이외의 활동을 권유하는가? 등이다.

그러나 위의 것은 내가 독서모임에 오는 회원에게 하는 활동과도 유사해서 경계가 모호하고 분간하기 힘든 것도 사실이다. 마지막으로 가장 확실한 꿀팁이라고 한다면 자신의 '촉'을 믿으라는 것이다. 아무리 잘해줘도 내가 불편하다면 그 모임에서 나오는 편이 낫다. 비록 순수한 독서모임이라도 말이다.

독서모임은 말 그대로 '독서+모임'이다. 책을 읽고 그 감상이나 생각을 나누는 모임이다. 같은 책을 읽어도 사람들의 생각은 각자 다르고 또 다양하다. 그런 것을 독서모임을 통해 알고 확인할 수 있다. 독서모임을 반대하는 사람이나 하던 모임에서 빠져나오고 싶어 하는 사람들의 의견을 맘카페에서 읽게 된다. 반대하는 이유는 여러 가지다. '선정 도서가 싫어서, 그럴듯하게 말하는 게 위선적이어서, 독서가 학습이 되면 책이 싫어질까 봐' 등등의 여러 이유가 있었다.

'선정 도서가 싫어서'라는 이유는 나도 공감한다. '기존에 있는 회원들보다 내가 수준이 낮을까봐, 읽으라는 도서가 싫어서'라는 의견은 내가 독서모임을 만든 이유였다. '그럴듯하게 말하는 게 위선적'이라는 말은 왜 그럴듯하게 말하는지 궁금하다. 그 말을 쓴 본인이 그렇게 말하는 건지, 말하는 상대방이 위선적으로 보이는지 말이다. 모임을 해보면 책을 읽고 솔직하게 말하는 사람이 많은데, 그분이 참여한 곳에는 위선적인 사람이 있었던 것으로 생각된다. '독서가 학습이 되면 책이 싫어질까 봐'라는 것은 자신의 독서력이 아직 부족한 것을 인정하는 말이다. 책 읽기가 쉽지 않아 꾸역꾸역 공부하듯 읽으니 책이 싫어질 수도 있을 것이다. 쉬운 책부터 시작해서 난도를 높여가며 읽는 것은 독서력이 한 단계 상승할 수 있는 계기가 된다. 내 경우도 벽돌책 깨기 모임에서 《코스모스》를 읽고 난 뒤로 다른 책들이 쉽게 느껴지기 시작했다.

'혼자 책 읽는 게 성격상 잘 맞다', '사람들의 말을 듣는 게 피로감이 생긴다', '아직 쉬운 책만 읽어서 모임에 참여하는 게 겁난다' 등의 이유라면 독서모임보다는 혼자서 책을 읽는 편이 더 나을 수도 있다.

사람마다 성격이 다르듯 책 읽는 스타일도 다르다. 독서를 시작한 지 얼마 되지 않아도 독서모임이라는 틀 안에서 열심히 읽고 독서력을 기르는 사람도 있는 반면, 조용히 혼자서 좋아하는 분야의 책만 읽는 사람도 있다. 어떤 게 맞다는 정답은 없고, 자신에게 맞는 것이 바로 정답이다. 하지만 경험해보지 않고 지레짐작으로 독서모임을 기피할 필요는 없다.

# 리더의 생각법,
# 무엇을 나눠줄 것인가?

독서모임을 처음 만들 때는 만드는 것 자체가 목표였기 때문에 사람들이 모이는 것 자체에서 희열과 큰 기쁨을 느꼈다. 그런데 모임을 지속하면서 생각과 감정에 변화가 생겼다. 회원들의 참석률이 저조하거나, 책을 읽지 않고 오는 회원이 많아지면 '나는 오늘 하루를 위해 며칠을 준비했고, 모임에 오기 위해 한 시간 넘게 달려왔는데 나 혼자 뭐 하는 거지?'라는 회의감이 들기도 하고 '계속 하는 게 맞는 걸까?'라고 흔들리기도 했다.

그러던 중 만난 존 고든의 《에너지 버스》는 생각을 바꾸게 해준 책이다. 모든 일이 풀리지 않던 주인공 조지는 11번 버스의 운전기사 조이를 만나 모든 것이 달라진다. 지금 처한 상황이 어려워도 조이의 버스를 타고 나면 긍정의 에너지가 충만해지기 때문이다. 나는 조지처럼 불평불만이 많았다. 모임을 이끄는 리더의 자리에 있으면서도 조지처럼 행동하고 있던 것이다. 그래서 나도 조이처럼 좋은 사람들을 내 버스에 태우겠다고 생각을 바꾸었다.

책을 읽고 감동을 받아서 곧바로 독서모임의 선정 도서로 정했다. 회원들과 이야기를 나눠보니 회원들도 각자의 버스에 태울 사람이 있었다. 모두가 조이와 같은 역할을 하고 싶어 했다.

이를 계기로 나는 우리 모임 회원들에게 무엇을 주고 있는지 고민해보게 되었다. '독서모임'이라는 버스에 사람들을 태우고 운전하고 있지만, 이 길이 맞는지, 누구를 더 태우고 때로는 내리게 해야 하는지 잘 알지 못했다. 책에 나온 '에너지 뱀파이어'가 있는지, 혹은 선량한 모습으로 버스에 오르는 건 아닌지 살피기로 했다. 또한 혹시 내가 '에너지 뱀파이어'는 아닌지 돌아보기도 했다.

좋은 것이 있으면 모임에서 함께하고 싶은 생각이 들었다. 어떤 곳은 참여율이 높고, 어떤 곳은 전혀 없었다. '좋은 걸 같이 하자는데 왜 반응이 없지?'라고 에너지 뱀파이어가 들어오면 다시 조이를 소환했다. 그 모임만의 특성이라고 생각하고 모두가 같을 수 없다고 생각했다.

어떤 일에 집중하면 그것만 보이기 시작한다. 신발을 사려고 하면 다른 이들의 신발만 눈에 띄는 것과 같다. 독서모임에서 어떤 활동을 해볼까 라고 생각하면 어느 순간 보이기 시작한다. 책을 읽다가도, TV나 영화를 보다가도 보인다. 잠자기 전 문득 떠오를 때도 있다. 그러면 얼른 메모를 해둔다.

최재원 작가의 《나의 첫 사이드 프로젝트》라는 책이 있다. 본업을 유지하면서 남는 시간을 이용해 자신이 좋아하고 하고 싶은 일에 도전하고 자신만의 부캐를 만들어보라는 내용을 담고 있다. 이 책에서는 다음과 같이 말한다.

"브랜딩은 나를 지켜보고 있는 타인에 의해 만들어진다."

리더라는 것이 무엇인지 돌아보게 하는 말이다. 그래서 지켜보는 회원들을 위해 더 좋은 것을 생각하고, 좋은 책을 찾고, 함께 할 수 있는 이벤트를 열심히 찾고 있다. 그리고 그 과정에서 리더는 크게 성장한다. 기나긴 삶을 보람차게 완주하기 위해 정말 필요한 관계가 아닐 수 없다.

## 독서모임이라는 인연으로
맺어지는 성장의 동반자

독서모임의 형태도 매우 다양해졌다. 읽는 모임, 쓰는 모임, 읽고 쓰는 모임, 소리 내어 낭독하는 모임, 같이 읽는 모임 등등. 모임이 매우 세분화되어 있어 자신의 입맛에 맞게 고르는 재미도 있다.

가장 많은 것이 읽고 나누는 독서모임이지만, 요즘은 좋은 책을 함께 쓰는 '필사 독서모임'도 많아졌다. 한 권의 책을 천천히 읽으며 쓰는 것이다. 책 한 권 중에서 좋은 구절, 기억하고 싶은 구절을 쓰는 일을 주로 한다.

'낭독 독서모임'은 돌아가면서 소리 내어 책을 읽는 모임이다. 소리 내어 책을 읽으면 동시에 내 귀에도 들어온다. 낭독 독서는 눈으로 보고, 입으로 소리 내고, 귀로 듣는 3가지 감각기관을 동원한다는 점에서 매력이 있다. 예전의 낭독은 '시'가 위주였다면 요즘은 장르를 가리지 않는다.

유튜브나 팟캐스트 등 매체가 다양해지고, 주류가 되면서 독서의 형태도 다양해진 것이다. 많은 독서모임이 생겨나고 있지만 내게 맞는 독서모임에 참여하는 것이 중요하다. 독서모임의 궁극적인 목적은 함께 읽고 의견을 나누며, 책으로 세상을 여행하는 것이다.

온라인 독서모임은 시간과 공간의 제약을 뛰어넘어 많은 사람이 참여할 수 있다는 점이 큰 매력이다. 독서모임이 활성화되는 데에는 온라인 독서모임이 큰 몫을 하고 있다.

이런 이유들로 독서모임을 하기 좋은 시절이 되었다. 책과 의지만 있다면 언제 어디서나 가능하기 때문이다.

온라인 모임의 장점은 매우 많지만, 그래도 독서모임의 묘미는 대면이다. 코로나 이후 온라인 모임으로 전환했지만, 회원들은 서로 만나서 이야기를 나누고 싶어 했다. 그래서 사적 모임 인원에 맞추어 만났다. 4명만 만날 때도 있었고, 6명까지 만날 때도 있었다. 9명까지가 제일 많이 모일 수 있는 시기였다. 4명씩 따로 소모임을 갖기도 했다. 같은 날 다른 공간에서 모임을 진행했다. 그래서 온라인 모임으로 진행되더라도 때로 오프라인 모임을 갖는 것이 좋다고 생각한다.

독서모임으로 만나는 인연은 책을 좋아하고, 나누기 좋아하고,

공감하고 공감받기를 원하고, 배우고 싶은 열망이 큰 사람들이 연결된다. 한번은 모집 때 매우 급하게 참여를 원하는 사람이 있었다. 일반 사람들과 다른 모습이 메시지에 그대로 나타났다. 무조건 갈 수 있고, 언제부터 갈 수 있는지를 물으며 당장 참여하겠다고 했다. 하지만 무슨 책을 읽는지는 물어보지도 않았다. 카톡 프로필을 확인해보니 역시나 영업을 하는 사람이었다. 어떤 필요 때문에 독서모임을 이용한다면 사절할 필요가 있다. 특히 리더들은 모임을 위해 이런 경우들을 잘 걸러내야 한다.

가수 이선희의 〈그 중에 그대를 만나〉라는 곡이 있다. 그 곡의 가사 한 부분을 매우 좋아한다.

"별처럼 수많은 사람들 그 중에 그대를 만나 꿈을 꾸듯 서로를 알아보고 주는 것만으로 벅찼던 내가 또 사랑을 받고 그 모든 건 기적이었음을."

독서모임의 인연도 이와 같다고 생각한다. 세상에 별처럼 많은 사람 중에서 우리가 책을 통해 인연을 맺는 것이다. 우리가 자발적으로 만든 인연을 통해 치유를 받고 성장해나가는 모든 것이 기적과 같다.

삶에서 점진적인 변화와 성장을 원한다면 독서모임을 추천하고 싶다. 생각을 나누는 책친구를 찾을 수 있고, 그들과 많은 것을 함께하며 삶의 가치를 찾고 만들어 나갈 수 있기 때문이다.

**부록 1** ───────○ **독서모임 Q & A**

독서모임에 대해 자주 받는 질문들을 아래와 같이 모아보았다. 독서모임을 운영하는 데 필요한 정보들을 그간의 경험을 바탕으로 정리하면 다음과 같다.

## 모임 형태

**1. 오프라인 모임과 온라인 모임의 차이점과 준비물은 무엇인가요?**

오프라인 모임은 서로의 표정을 살필 수 있고 대화가 자연스럽게 오간다. 약간의 잡담이 가능하며 대면 모임만의 따스함이 있다. 준비물은 약간의 간식, 손소독제 등이고 거리두기 시행 때는 마스크 등이 필요하다. 온라인 모임은 쉽게 '줌' 모임이라 생각하면 되는데, 대면이 아니어서 미세한 표정의 차이나 분위기를 읽기 어렵다. 발표자 이외에는 음 소거를 할 수 있어 집중할 수 있다. 정해진 내용 이외에 잡담은 할 수 없다. 소리가 끊기는 어색함을 없애기 위해 진행자는 말을 많이 하게 된다. 온라인 모임의 장점은 시공간의 제약 없이 자유롭게 모임을 할 수 있다는 것이다. 기계의 오작동으로 인해 소리가 울리거나 화면이 꺼지는 등 결함이 생기기도 한다. 준비물은 노트북이나 스마트폰이 필요하다.

**2. 온라인 모임을 힘들어하는 분이 많은데 어떻게 하면 좋은가요?**

독서모임의 묘미는 '대면 모임'이라고 항상 말한다. 하지만 코로나19로 인해서 '줌' 등의 온라인 모임으로 많이 바뀌었다. 온라인 모임은 대면으로 할 때와 분위기와 느낌이 전혀 다르다. 말하는 나의 목소리와 얼굴이 고스란히 화면으로 드러나 어색할 수도 있고, 줌 사용이 서툰 사람도 있다. 하지만 대면을 할 수 없는 상황이라면 어쩔 수 없이 온라인 모임으로 전환해야 한다. 또 요즘은 그 덕분에 전국구로 진행하는 모임도 많아졌다. 줌 사용을 어색해하는 회원이 있다면 리더와 사전 연습을 해보는 것도 좋다. 자꾸 하면 적응하기 마련이다. 처음에는 천천히 발언하는 시간을 기다려주고 화면도 끄지 말고 다 같이 얼굴을 보며 이야기할 수 있도록 리더가 잘 이끌어나가는 것도 필요하다.

## 3. 온라인 모임과 대면 모임 중 어떤 게 더 좋을까요?

요즘은 온라인이 대세다. 이전부터 온라인 모임이 있었지만, 코로나19로 인해 대면 모임을 대신하는 방법으로 자리 잡았다. 온라인의 장점도 있고 대면 모임의 장점도 있다. 온라인으로 각자 있는 곳에서 모임이 가능해졌고, 이동시간이 줄어들어 시간이 절약되기도 한다. 나는 독서모임을 말할 때 항상 "독서모임의 꽃은 대면 모임"이라고 말한다. 대면 모임에서만 느낄 수 있는 공감과 분위기가 있기 때문이다. 코로나19가 없어져도 온라인 모임은 활발해질 것이다. 장소와 시간의 제약에서 벗어난 장점이 크기 때문이다. 하지만 대면 모임도 강력히 추천한다. 온라인과 대면 모임 각각 장단점이 있으므로 두 가지를 융통성 있게 병행하는 것도 좋은 방법이다.

## 4. 온라인에서 화면을 끄고 말하지 않는 회원은 어떻게 하나요?

분명히 이유가 있다. 주변이 시끄럽거나 자신을 드러내기가 부끄러운 사람일 수 있다. 말하는 것이 자신 없고 대신 다른 사람의 이야기는 듣고 싶은 사람일 수 있다. 또는 참여하고 싶은데 상황이 안 될 때 그렇게라도 참여하고 싶은 마음일 수도 있다. 모임에 계속 참여하는 회원이라면 따로 연락을 취해 단순히 부끄러운 건지 다른 이유가 있는 건지 알아본다. 함께 얼굴을 보고 이야기를 나눌 수 있도록 이끌어줘야 한다. 온라인에서는 소외감이 더 느껴질 수 있다. 하루 참여하는 독서모임에는 낯설고, 말할 용기가 나지 않아서 자신을 드러내지 않는 사람도 있다. 그럴 때는 억지로 화면을 켜라고 하지 말고 줌에 있는 채팅방을 통해 의견을 내도록 유도한다. 채팅으로 의견을 말해주면 리더가 중간에 언급해주면 좋다.

**5. 코로나 시대에 대면 독서모임을 해도 될까요?**

대면 모임으로 진행하던 독서모임을 코로나로 인해 할 수 없게 되어 줌을 이용한 온라인으로 전환해서 각자 있는 곳에서 모임을 진행했다. 사실 독서모임의 묘미는 대면이다. 온라인으로 전할 수 없는 무언가가 많다. 코로나 초기에는 불안해하는 회원도 많아 만나서 모임을 할 수 없었다. 그 후로 인원이 많은 한 곳은 자유 도서 모임 때만 대면으로 진행했다. 참여 인원이 적어서 가능했는데 집합 가능한 인원만 모아서 모임을 각각 진행해 대면으로 모임이 이뤄지기도 했다.

**6. 코로나 시대에 대면 모임을 꺼리는 회원이 있다면?**

코로나 초반에는 대면 모임을 일부러 피했다. 지역별 상황이 안좋을 때도 온라인으로 모임을 진행했다. 대면 모임이 가능해도 불안해하는 회원이 있다. 의견을 충분히 존중해주고 들어줘야 한다. 소수 몇 명이 대면 모임을 불안해할 때 사실 어떻게 할지 고

민이 많았다. 적극적인 몇 명의 회원이 불안해하는 회원에게 전
화로 설득해서 모임이 이뤄지기도 했다. 오랜 기간 봐온 회원들
이기에 가능한 일이다. 거리두기를 해야 할 때 대면모임을 한다
면 한 칸씩 띄워서 앉고 음료를 마시는 이외에는 마스크를 무조
건 쓴다. 간식이 있으면 마스크를 벗어야 하므로 간식을 먹지 않
는 것도 좋다.

## ● 운영 방식

### 7. 책을 무조건 사야 하나요?

책은 개인별로 구할 수 있는 통로를 이용하면 된다. 선정 도서를
전부 다 사는 분도 있고, 도서관 대출을 이용하는 분도 있다. 요
즘은 E-book도 많이 본다. 책을 선정하기 전에 도서관 어플을
이용해서 책이 얼마나 있는지 살펴본다. 책의 내용이 너무 좋은
데 도서관에 많이 없다면 미리 공지하고 구매를 권유한다. 도서
관에 없는 책을 '희망 도서'로 신청해서 읽는 회원도 있다.

### 8. 한 권을 읽고 나누는 기간은 어느 정도가 적당한가요?

독서모임의 성격에 따라 일주일에 한 권, 2주일에 한 권 정도를
읽는다. 책 읽기를 처음 한다면 한 달에 1, 2권 즉 4주에 한 권이

나, 2주에 한 권을 읽는 모임이 좋다. 한 권을 읽어내는 데는 2주면 충분하다.

## 9. 리더가 선정 도서를 꼭 미리 다 읽어야 하나요?

본문에서도 언급했지만, 리더는 모임의 콘셉트를 잡고 중심이 되는 자리에 있다. 선정 도서를 정할 때도 리더가 그 책을 잘 알고 있는 상태에서 선정 이유를 밝히는 것이 좋다. 가끔 이벤트로 회원들이 돌아가면서 책을 추천할 수도 있는데 매번 회원들이 추천하게 되면 모임의 방향이 전혀 다른 곳으로 흘러갈 수도 있다. 타 모임에서 회원 수가 10명이 넘어가니 추천 책이 10권이 넘어 책을 정하는 것부터 지치는 모습을 볼 수 있었다. 리더는 회원들이 오직 책을 읽고 토론하는 데 집중할 수 있도록 선정 도서를 충분히 파악하고 추천하는 것이 좋다. 나는 선정 도서는 무조건 읽어보고 선정한다.

## 10. 독서모임을 여러 개 운영하면 리더는 책 읽는 데도 바쁘지 않나요?

모임마다 다른 책을 읽는다면 리더는 기간 내에 모임 책만 계속 읽어야 한다. 한 달에 모임에 관련된 책만 5권 이상이 되며, 다음 달을 대비한 책도 읽어야 하니 쉽게 지칠 수 있다. 모임의 성격이 비슷하다면 선정 도서도 같은 책을 적절히 섞어 지치지 않도록 페이스를 조절해야 한다. 읽어야 할 도서의 양을 줄이면 질적으로 좋은 결과를 얻을 수 있다.

## 11. 모임을 만들고 싶지만 책을 많이 읽지 못했는데 가능할까요?

모임을 만들라고 추천하면 이런 답을 하는 분이 종종 있다. 책을 많이 읽은 다독가만 모임을 만들고 이끌 수 있을 거라는 생각은 반은 맞고 반은 틀리다. 책을 많이 읽는 분들은 책 추천을 잘하는 등의 장점이 있을 수 있다. 그렇지만 리더는 책을 많이 읽었어야 할 수 있는 것은 아니다. 나와 함께 모임을 했던 분 중에는 '함께 읽고 싶어서' 모임을 만든 경우도 많다. 평소에 읽지 못하는 두꺼운 책을 읽고 싶어서 공지를 올려 모집을 하고 자신도 처음으로 그 책을 읽게 되었다고 한다. 분량을 나누어 회원들에게 공지하면서 모임 날까지 분량만큼 책을 읽고 후기를 나누는 일을 했다. 매주 만나서 두꺼운 책을 나누며 읽으니 한 권을 다 읽을 수 있었다고 한다. 자신도 처음이었지만 뜻이 맞는 분이 있어 가능한 일이었다고 말한다. 독서모임이 리더가 모든 것을 알고 회원에게 가르쳐야 하는 것은 아니다. 모임을 만들고 리더가 되는 것에 크게 부담을 느낄 필요는 없다.

## 12. 모임 시간은 어떻게 배분해야 하나요?

보통 2시간 모임을 기준으로 잡는다.

　① 처음 : 10분 이내로 아이스브레이킹, 근황 토크를 한다. 처

음 참여한 회원이 있다면 돌아가면서 소개하고 짧게 인사를 나눈다.

② 본론 : 90분 정도 돌아가며 '본깨적'을 나눈다. 보고 깨달은 것과 적은 것을 나누는데 굳이 '본깨적'이라는 말을 쓰지 않아도 대부분 읽은 것을 나누는 시간은 비슷하다. 부분별 1인당 5분 이내의 시간을 배분하거나 회원 수에 맞게 시간을 배분한다.

③ 마무리 : 리더가 책의 내용과 회원들의 느낀 점 등을 요약해서 이야기해준다. 단체 사진을 찍고 회원들의 후기를 들어본다. 나눈 책과 함께 읽으면 좋은 책을 추천한다. 다음 공지를 알려주고 모임이 끝난다.

## 13. 장소를 정할 때 어떤 것을 살펴봐야 하나요?

카페나 스터디룸, 세미나실을 알아볼 때 교통이나 주차를 먼저 파악한다. 대중교통을 이용할 때와 자차를 이용할 때 각각 어떻게 모임 장소를 찾을 수 있는지 알아보고 공지한다. 주차장은 있는지, 주차비는 얼마인지도 알아보면 좋다. 사람들이 모이기 좋은 지역을 미리 정하고 장소를 섭외한다. 손품과 발품을 이용해 알아보는데, 카페에서 하는 경우 미리 다인실 사용을 예약해두는 것이 좋다. 일반적인 프랜차이즈 카페도 장소에 따라 다인실이 없는 곳도 많다. 반대로 개인 카페에 다인실이 있는 곳도 있다.

다인실에 문이 있다면 더 좋다. (단독공간이 있는 프랜차이즈 : 이디야, 할리스, 투썸, 카페베네, 엔제리너스 등)

## 14. 장소 예약은 언제쯤 하는 것이 좋은가요?

모임 날짜가 일정하다면 2~3주의 여유를 두고 예약하는 것이 좋다. 다인실이 있는 곳은 예약하려는 모임이 많아 예약이 불가능한 경우도 있었다. 갑자기 장소나 시간이 변경될 때, 리더가 재빠르게 다른 곳을 알아보는 노력이 필요하다. 회원들도 적극적으로 동참해서 모임 장소를 섭외하는 경우도 많다. 장소가 오픈된 곳이나 시끄러운 곳은 그날 모임이 원활하게 진행되지 못할 수도 있다. 카페에서 하는 경우 꼭 다인실을 예약하고 스피커와 최대한 먼 곳에 자리 잡는 것이 좋다.

## 15. 독서모임 운영비는 얼마나 받으면 좋을까요?

모임 운영 시 가장 어려운 부분 중 하나다. 모임 비용은 무료부터 모임마다 천차만별이다. 책만 읽고 이야기를 나누지 않고 회원들에게 주는 서비스가 많다면 비용이 올라간다. 독서 코칭 등의 프로그램이 있으면 그 코칭비까지 받는다. 단순히 책을 읽고 이야기를 나누는 모임이라면 기본적인 운영비+α로 비용을 정한다. 운영비에는 줌을 이용하는 비용과 콘텐츠 개발비, 리더의 수고비까지 들어간다.

## 16. 환급 요청은 어느 정도까지 받아주나요?

운영비가 있는 모임에는 환급 조항을 만드는 게 좋다. 돈 때문에 운영자와 회원 간의 분쟁이 생길 수 있다. 2주 전 단톡방을 꾸리고 모임 날짜가 약 일주일 남은 시점에서 환급을 요청하는 회원이 있었다. 줌 모임 날짜에 참여를 못 한다는 이유였다. 이미 단톡방에서 책을 같이 읽고 활동을 하는 중이어서 환급이 어렵다고 말씀을 드렸다. 그렇게 마무리됐지만, 나중에 내가 올린 모집글을 살펴보니 환급에 관한 이야기가 없었다. 그 이후로는 꼭 환급 조항을 써놓는다. 소액이지만 확실하게 해야 서로 마음 상하지 않고 뒷말이 나오지 않는다. 가급적 운영날짜 며칠 전까지 불참 여부를 알려주면 전액 돌려주는 것이 좋다.

> **● 책 읽기**

## 17. 책을 선정하는 기준은?

모임의 특성에 맞게 어떤 종류를 할 것인지 분류한다. 예를 들어 '엄마 독서모임'에서는 엄마의 성장, 자녀교육 등 여러 분야를 선택해서 책을 골랐다. 경제 서적은 관심도나 지식의 수준이 개인차가 크기 때문에 경제 독서모임에서만 읽도록 따로 분류했다. 미리 읽어본 책 중 모임에서 같이 읽기 좋은 책을 골라놓고 선정한다. 베스트셀러나 인기 있는 책을 선정하기도 한다. 좋은 책을 찾기 막막할 때는 유명한 대형 독서모임의 선정 도서를 참고하기도 한다. 주로 참고하는 대형 독서모임은 전국에 있는 '00나비' 독서모임이다. 검색을 통해 다른 독서모임에서 어떤 책을 읽는지 참고해 그중에 몇 권을 읽어보고 결정한다.

## 18. 선정 도서는 모임 어느 시점에 공지하는 게 좋은가요?

모임을 처음 시작했을 때는 한 달 전에 미리 공지했다. 모임 때마다 다음 달에 읽을 책을 공지하면 회원들이 책을 구해서 읽었다. 새로 들어온 회원이 선정 도서를 더 일찍 공지해주면 좋겠다는 건의를 해주어 분기별로 책을 지정한다. 분기별 책 선정을 하면 리더도 매번 선정 도서를 고민하지 않아도 되고 회원들도 미리 책을 구해서 읽을 수 있어서 좋다. 단점은 중간에 더 좋은 책이 나오거나 시기상 읽어야 할 책이 있을 때 읽지 못할 수 있다는 것이다. 그런 점은 회원들과 상의해서 중간에 한 권을 넣고 지정된 도서는 다음 달로 미루는 유연한 운영을 하면 좋다.

## 19. 책 읽기 힘들어하는 회원을 돕는 방법이 있나요?

유난히 책 읽기 힘들어하는 회원이 있다. 책을 읽고 싶어 모임에 들어왔지만, 책을 읽을 시간이 별로 없고, 책 읽는 속도가 매우 느린 경우가 그렇다. 그러면 매번 책을 다 읽지 못하고 모임에 오는 것도 눈치가 보이는 일이다. 이런 분들이 모임마다 한두 명씩은 꼭 있다. 그럴 때는 그런 회원과 같이 읽는 게 답이다. 독서 진도표를 만들어서 매일 정해진 분량만 읽을 수 있도록 알려준다. 리더뿐만 아니라 다른 회원들과도 진도표를 확인할 수 있게 한다. 리더 혼자서 힘들다면 독서력이 좋은 회원에게 도움을 청해 함께 끌어주는 것도 방법이다. 완독을 하지 못한 회원을 위해 모임을 시작할 때 책을 요약해주는 리더도 있다.

## 20. 모임을 여러 개 운영하면 모임 지정 도서만 읽나요?

모임의 성격이 비슷하다면 같은 책으로 통일한다. 그러면 두 개의 모임 선정 도서가 한 권이 된다. 또 미리 한 번 읽었던 책이 대부분이어서 책을 두세 번째 읽을 때는 속도가 빨라져 부담이 줄어든다. 한 달에 보통 모임 세 개가 운영되지만 내가 읽고 싶은 책도 읽을 수 있는 이유다. 책을 읽을 수 있는 시간은 많다. 새벽 시간 10분, 점심시간 10분, 저녁 먹기 전 10분 등 시간을 쪼개서 읽는다. 짧은 10분이지만 한 달에 한 권을 읽어낼 수 있는 시간이다. 근무 시간 중 여유시간에도 책을 읽는다. 한 달 평균 13권 정도의 책을 읽는다.

### 21. 회원들과 어느 정도까지 친분을 유지해야 할까요?

몇 년간 진행한 모임의 회원들과는 80퍼센트 정도 일대일로 만났다. 필요한 책을 주고받을 때도 있었고, 지나가다 커피 한 잔 마시는 일도 있었다. 외부강연을 같이 다니면서 친분을 쌓기도 하고, 소모임을 진행하면서 소소하게 만나기도 했다. 초기에는 억지로 친분을 쌓기보다는 리더가 한 사람, 한 사람을 다 챙기는 느낌을 주는 편이 좋다. 연락 없이 빠지는 회원이 있으면 따로 연락해서 안부를 묻는 것은 회원에게 소속감과 관심을 불러일으키게 할 수 있다.

### 22. 독서모임 후기는 꼭 써야 하나요?

독서모임의 운영자라면 후기를 꼭 쓸 것을 추천한다. 어느 모임이나 후기나 기록이 쌓이면 재산이 된다. 후기를 쓸 때 모임의 사진을 넣으면 좋고, 함께 나눈 이야기들을 내용별로 정리해서 보기 좋게 올린다. 그 후기를 지켜보고 있던 사람들이 다음 회원 모집 때 적극적으로 신청하기도 한다. 리더는 모임 때마다 나누었던 이야기를 필기한다. 자신만이 알아볼 수 있는 단어나 짧은 문장 등으로 적어놓고 후기를 쓸 때 참고한다. 후기는 최소 2일 안에 작성한다. 시간이 많이 흐르고 나면 노트 필기는 있어도 기억과 생생함이 사라질 수 있기 때문이다. 빠른 시간 안에 쓰면 글에서도 생동감이 느껴진다.

## 23. 독서모임에 처음 참여하는데, 리더를 알지 못하는데 믿고 가도 될까요?

내가 운영하는 경제 독서모임에는 내가 알지 못하는 회원이 대부분이다. 그분들이 꾸준히 참여하면서 고정 회원이 되어준다. 지역도 나이도 다양한 분들이어서 가끔 어떻게 들어오게 되었는지 물어보는데, 궁금하거나 관심이 있어서 검색했다가 내가 올린 글을 보게 되었다는 답이 대부분이었다. 그분들이 본 것은 내가 올린 모집 공지글뿐만이 아니라 꾸준히 모임을 운영하는 후기와 책을 읽고 올려놓은 서평 등 그동안 올려놓은 글들이다. 그런 글이 모여 리더와 모임을 대신 설명해준다. 모임을 처음 시작하는 분들에게 블로그에 서평이라도 꾸준히 써서 올려보라고 말하는 이유가 그 때문이다. 그것이 모이면 상대에게 나를 설명해주는 참고 자료가 된다.

## 24. 독서모임과 연관된 다양한 아이디어는 어디서 얻나요?

독서모임에서 어떤 이벤트를 하면 좋겠다는 생각이 들면 그 생각을 계속한다. 그 생각 때문에 일상에서도 갑자기 아이디어가 떠오를 때가 있고, TV를 보다가도 생각이 날 때가 있다. 인터넷 검색을 이용해서 비슷한 내용을 찾아서 참고하기도 한다. 책을 읽으며 떠오를 때도 있다. 좋은 아이디어는 정리해서 모임에서 알리고 의논해 실행한다.

### 25. 인증사진을 찍기 싫어하는 회원이 있으면 어떻게 하나요?

모임의 마무리는 인증사진 찍기다. 같이 읽은 책을 들고 사진을 찍는다. 사진 찍기 싫어하는 분도 얼굴에 모자이크 처리를 하고 블로그 등에 올리는 것을 설명해주면 사진 찍기를 허락한다. 때로는 얼굴을 책으로 가리고 사진을 찍는다. 원데이 모임에서 한 회원은 흐릿하게 처리한 자기 얼굴을 더 가리거나 빼달라고 요청했다. 사진 편집으로 그 회원 얼굴에 커다란 스티커를 붙여서 가렸더니 더 이상의 요구가 없었다. 자기 모습을 드러내는 것을 원치 않는 사람이 있어서 사진을 찍기 전과 후에 충분히 설명하고 가리기를 원하는 사람은 SNS에 올리기 전에 반드시 가리는 편집을 한다.

# 분야별 추천 도서 리스트

| 제목 | 지은이 | 출판사 | 한 줄 추천사 |
|---|---|---|---|
| 인문 | | | |
| **독서 천재가 된 홍대리** | 이지성, 정회일 | 다산북스 | 독서모임의 첫 책으로 추천하는 책. 책을 접하면서 삶이 달라진 홍대리의 모습을 통해 독서 입문자에게 책을 읽는 동기부여가 된다. |
| **프레임** | 최인철 | 21세기북스 | 내가 가진 프레임으로 세상을 보는 일이 많음을 깨닫게 해주는 책이다. 편견, 오해, 착각 등으로 인해 생기는 프레임을 알아차리고 프레임을 '리프레임' 하도록 도와준다. |
| **열두 발자국** | 정재승 | 어크로스 | 저자의 강연 중 열두 개를 책으로 엮은 내용이다. 다양한 관점으로 인간을 이해하려는 내용으로, 나와 타인을 이해하는 데 도움이 되는 책이다. |
| **당신이 옳다** | 정혜신 | 해냄 | '당신이 옳다'라는 공감이 그 어떤 '충조평판(충고, 조언, 평가, 판단)'보다 낫다. 나와 타인, 자녀와의 관계를 돌아보게 하는 책이다. |
| **여덟 단어** | 박웅현 | 북하우스 | 인생을 살면서 생각해봐야 하는 여덟 가지 단어가 소개된다. 인생에는 정답과 오답이 함께 존재하기 때문에 자신만의 삶을 살아가기를 권하는 책이다. |

| | | | |
|---|---|---|---|
| 빅터 프랭클의 죽음의 수용소에서 | 빅터 프랭클 | 청아 출판사 | 2차 세계대전 당시 유대인이라는 이유로 아우슈비츠 수용소에 끌려간 저자의 이야기. 그곳에서 삶의 의미를 찾으며 이후에 로고 테라피를 창시하기도 했다. 코로나 시대를 겪으며 우리의 삶의 의미를 생각해보는 시간을 가질 수 있는 책이다. |
| 선량한 차별주의자 | 김지혜 | 창비 | 우리는 모두 선량한 차별주의자다. 알게 모르게 차별을 하고, 차별당한다. 가지고 있는 특권을 인식할 때 내가 인식하지 못하는 차별을 하지 않게 된다. 내가 몰랐던 고정관념, 특권 등으로 읽기 불편함을 느낀 모임원도 많았던 책이다. |
| 나의 한국현대사 1959-2020 | 유시민 | 돌베개 | 59년에 태어난 저자의 생을 따라가며 만나는 한국 현대사. 우리가 잘 알지 못하는 70~80년대의 이야기를 알 수 있고, 세월호에서 코로나19까지의 이야기를 정리해볼 수 있는 책이다. |
| 나는 나무에게 인생을 배웠다 | 우종영 | 메이븐 | 30년간 아픈 나무를 치료해온 나무 의사의 이야기. 평소에 모르고 지나쳤던 나무에 대해 알 수 있으며 나무를 통해 삶의 이야기를 나눌 수 있는 책이다. |
| 강안독서 | 이은대 | 바이북스 | 책을 읽고 마음이 가는 구절을 자기 삶에 투영하는 독서법. 읽기에만 그치는 독서가 아닌 삶을 변화시키는 독서로 바꿔보길 권유한다. |
| 나는 가해자의 엄마입니다 | 수 클리볼드 | 반비 | 저자는 1999년 열세 명의 사망자와 스물네 명의 부상자를 낸 콜럼바인 총격 사건의 가해자 두 명 중 한 명인 딜런의 엄마다. 가해자의 엄마가 쓴 책이어서 불편한 부분도 있지만, 자녀의 어려움을 미리 알아차리고 도움을 줘야 함을 알려주는 책. |
| 오티움 | 문요한 | 위즈덤하우스 | 어떻게 쉬어야 잘 쉬는 걸까? '능동적 여가 활동'이라는 뜻을 가진 오티움. 우리가 가지고 있는 오티움에는 어떤 것이 있으며, 그것을 위해 자신을 잘 파악하고 좋아하는 것을 찾는 데 도움이 되는 책이다. |
| 나는 말하듯이 쓴다 | 강원국 | 위즈덤하우스 | 대통령의 연설문을 써온 저자가 말하는 '말 잘하고 글 잘 쓰는 방법'. 말 하듯이 쓰는 팁을 담은 책 |

| | | | |
|---|---|---|---|
| 쓰기의 말들 | 은유 | 유유 | 거창한 소재만이 글쓰기를 할 수 있는 것은 아니다. 소소한 일상부터 자기 생각을 담는 저자의 글을 따라가며 글쓰기의 힌트를 얻을 수 있는 책. |
| 왜 세계의 절반은 굶주리는가? | 장 지글러 | 갈라파고스 | 전 세계의 기아의 실태와 그 배후에 대해 아들과 나누는 대화. 지구 한편에서는 넘쳐나고, 또 한편에서는 기아를 겪는 모순된 상황을 이해할 수 있다. |
| 우리의 불행은 당연하지 않습니다 | 김누리 | 해냄 | 촛불집회, 정권교체에도 왜 우리나라는 살기 힘들어지는지, 한국 사회가 갖고 있는 근본적인 문제를 살펴보며 암담한 현실을 생각해보는 책이다. |
| 책 읽는 사람만이 닿을 수 있는 곳 | 사이토 다카시 | 쌤앤파커스 | 종이책을 읽는 사람만이 가질 수 있는 깊이와 인생의 격차를 만드는 독서법에 관해 말한다. |
| 미움받을 용기 | 기시미 이치로, 고가 후미타케 | 인플루엔셜 | 아들러 심리학을 대화체로 풀어 쉽게 설명한 책. 행복해지기 위해서는 타인에게서 자유로워질 수 있는 '미움받을 용기'가 필요하다고 말한다. |
| 코스모스 | 칼 세이건 | 사이언스북스 | 과학계의 고전. 우주와 생명의 과거와 현재, 미래를 살펴보며 가보지 못한 코스모스의 세계를 여행하는 느낌의 책이다. |
| 대리사회 | 김민섭 | 와이즈베리 | 저자는 우리 사회는 거대한 대리사회라고 말한다. 타인의 공간에서 몸과 정신까지 순응하는 대리사회의 현실을 꼬집고 한국의 노동시장을 비판하는 책. |
| 나는 풍요로웠고, 지구는 달라졌다 | 호프 자런 | 김영사 | 어린 시절을 되돌아보며 지금 우리가 누리는 편안함과 변화한 지구를 비교한다. 변하는 지구와 더불어 살아가는 우리가 어떻게 해야 할지 생각하게 하는 책이다. |
| 이중톈의 이것이 바로 인문학이다 | 이중톈 | 보아스 | 인문학자 이중톈 교수의 동양철학에 대한 통섭이 돋보이는 책. 유가, 도가, 법가 등의 동양철학을 넘나들며 우리의 시각을 크게 넓혀준다. 이 한 권을 통해 동양철학서들을 교차독서하는 느낌을 받을 수 있다. |

| 도시는 무엇으로 사는가 | 유현준 | 을유문화사 | 도시를 건축가의 시각으로 본다. 내가 사는 도시와 비교하며 읽는 재미가 있는 책이다. 도시에 관한 생각의 프레임이 바뀌는 계기가 될 수도 있다. |
|---|---|---|---|
| 방구석 미술관 | 조원재 | 블랙피쉬 | 쉬운 미술 입문서로 좋다. 미술사를 독학으로 공부한, 미술을 사랑하는 저자가 보통 사람들이 잘 모르는 미술을 이해하기 쉽게 설명해주는 것이 큰 장점이다. |
| 5가지 사랑의 언어 | 게리 채프먼 | 생명의 말씀사 | 당신이 가진 사랑의 언어는 무엇인가요? 배우자의 사랑의 언어를 파악하고 그에 맞는 언어로 말해준다면 보다 행복한 가정을 이룰 수 있음을 알려준다. |
| 관계를 읽는 시간 | 문요한 | 더퀘스트 | 심리학으로 구별할 수 있는 4가지 유형을 통해 나와 상대를 이해할 수 있다. 각 유형의 솔루션이 있어 적용해보면 좋은 책이다. |
| 있지만 없는 아이들: 미등록 이주아동 이야기 | 은유 | 창비 | 부모의 체류자격이 박탈되면서 아무것도 할 수 없게 된 아이들이 우리나라에 무려 2만 명이 있다. 한국은 그런 아이들에게 얼마나 무서운 곳인지, 인권보장은 어디까지 가능한지 생각해보게 한다. |
| 100초 정치사회 수업 | CBS 노컷뉴스 씨리얼 제작팀 | 허밍버드 | 노컷뉴스 씨리얼의 콘텐츠를 엮은 책. 교과서보다 쉽고 100초면 이해할 수 있도록 풀어주는 정치사회 이야기를 만날 수 있다. |
| 장면들 | 손석희 | 창비 | 한국 대표 언론인의 자리에서 보던 대한민국의 굵직한 사건을 이야기한다. 저널리즘에 관한 저자의 생각을 읽을 수 있다. |
| 코끼리는 생각하지마 | 조지 레이코프 | 와이즈베리 | '프레임'을 생각하며 읽어야 하는 책이다. 진보와 보수, 부의 양극화 등의 어려운 내용을 차근차근 풀어준다. |
| 경제 경영 | | | |
| 메타버스 | 김상균 | 플랜비디자인 | '메타버스'는 무엇이며 그 속에 사는 우리는 어떤 것을 준비하고 살아야 하는지 이야기한다. 이미 시작된 메타버스를 이해하고 받아들이는 데 필요한 책. |
| 트렌드 코리아 | 김난도 외 | 미래의창 | 서울대 소비트렌드 분석센터가 매년 한국을 전망한다. 그 해의 띠와 트렌드를 알파벳 약자로 만들어 예상해본다. 매년 다음 해의 트렌드를 분석하기 좋다. |

| | | | |
|---|---|---|---|
| 90년생이 온다 | 임홍택 | 웨일북 | 공무원이 되길 원하고, 호구가 되길 꺼리는 90년생. 그들을 이상하다 여기지 말고, 그들이 자라온 배경을 이해하며 함께 살아가는 방법을 알려준다. |
| 일본전산 이야기 | 김성호 | 쌤앤파커스 | 장기불황 속에서 10배의 성장을 이룬 일본전산의 성공을 살펴본다. 나가모리 시게노부 사장의 경영 철학을 들여다보며 위기를 기회로 만드는 법을 배울 수 있다. |
| 육일약국 갑시다 | 김성오 | 21세기북스 | 이윤보다 사람을 우선시했던 저자가 작은 약국에서부터 큰 교육사업에서 성공하기까지의 이야기를 담았다. 도전과 끈기를 배울 수 있다. |
| 나는 스타벅스보다 작은 카페가 좋다 | 조성민 | 라온북 | 작은 카페를 운영하는 방법과 노하우에 대해 알 수 있는 책. 카페가 오래 살아남을 수 있는 사장님의 철학을 엿볼 수 있다. 자주 이용하는 카페가 있다면 책의 내용과 비교해보는 것도 재미있다. |
| 부자 아빠 가난한 아빠 | 로버트 기요사키 | 민음인 | 저자가 유년 시절에 겪은 두 아버지를 통해 부자와 가난한 사람의 사고방식을 비교 분석한다. 부자에 관한 고정관념을 깰 수 있는 입문서로 좋다. |
| 바빌론 부자들의 돈 버는 지혜 | 조지 S. 클래이슨 | 국일미디어 | 바빌론 최고 부자가 알려주는 부의 법칙. 재산과 돈 관리를 하고 싶은 초보자들이 읽기 쉬운 책이다. |
| 보도 섀퍼의 돈 | 보도 섀퍼 | 에포케 | 돈에 관한 마인드를 잡아주며 돈을 늘리는 법을 알려준다. 머니 트레이너 저자를 따라가며 재무계획도 세워볼 수 있다. |
| 부자들은 왜 장지갑을 쓸까 | 카메다 준이치로 | 21세기북스 | 노숙자에서 잘나가는 세무사가 된 저자가 돈을 끌어당기는 사람들과 그들의 지갑을 관찰한 내용을 담았다. 책을 읽고 나면 지갑을 장지갑으로 바꾸고 싶어진다. |
| 댄 애리얼리 부의 감각 | 댄 애리얼리, 제프 크라이슬러 | 청림출판 | 우리가 돈을 쓸 때 이성보다 감성을 많이 쓰는 등 사람의 심리와 소비에 관한 내용이 담겨 있다. 나의 소비 패턴은 어떤지 살펴보게 된다. |
| 머니 | 토니 로빈스 | 알에이치코리아 | 동기부여 전문가인 저자 토니 로빈스가 최고의 투자자 50여 명을 인터뷰한 내용. 돈의 법칙을 알기 쉽게 정리해 일반 사람들이 더 이상 소비자만이 아닌 투자자가 될 수 있는 방향을 전달하는 책이다. |

| | | | |
|---|---|---|---|
| 시그널 | 피파 맘그렌 | 한빛비즈 | 일상의 신호가 보내는 메시지를 알아차리는 것이 중요하다. 작은 변화를 관찰하며 현실을 좀 더 유연하게 받아들일 수 있도록 돕는 책이다. |
| 부의 시나리오 | 오건영 | 페이지2 | 쉬운 설명이 장점으로, 경제용어와 코로나 이후의 경제 흐름을 설명하며 불확실성을 기회로 만들어주는 4가지 시나리오를 제시한다. |
| 자본주의 | EBS 다큐프라임 자본주의 제작팀 | 가나 출판사 | 자본주의를 쉽게 풀어낸 방송을 책으로 엮은 것. 화폐와 소비, 금융상품 등 자본주의 시대에 살면서 우리가 잘 인식하지 못했던 것을 알려준다. |
| 백만장자 시크릿 | 하브 에커 | 알에이치 코리아 | 자신의 마인드를 바꾸는 것과 부자의 상관관계에 대해 말한다. 17가지 부자 매뉴얼을 제시하며, 쉽게 실천할 방법을 알려준다. |
| 부의 추월차선 | 엠제이 드마코 | 토트 출판사 | 지금 자신이 서 있는 곳이 인도, 서행차선, 추월차선 중 어디인지 파악할 수 있다. 나이 든 부자가 아닌 젊은 부자가 되기 위해 어떤 것을 준비해야 할지 알려준다. |
| 숨겨진 부의 설계도 | 자명 | 지식공감 | 기존의 경제 서적과는 차별성이 있는 책이다. 저자는 독자가 제대로 된 판단을 할 수 있도록 최대한 객관적인 내용을 알려준다. 저자에게서 은둔 고수의 느낌을 받게 된다. |
| 50대 사건으로 보는 돈의 역사 | 홍춘욱 | 로크 미디어 | 역사를 알면 돈이 보이고, 돈을 알면 역사가 보인다. 기존에 알고 있던 역사와 돈의 관계를 새롭게 보는 흥미로운 이야기가 많이 담겨 있다. |
| 아기곰의 재테크 불변의 법칙 | 아기곰 | 아라크네 | 재테크의 기본상식부터 주식, 부동산 투자에 이르기까지 교과서와 같은 법칙을 알려준다. 재테크를 할 때마다 들춰보게 되는 책이다. |
| 존리의 금융문맹 탈출 | 존 리 | 베가북스 | '금융문맹'을 벗어나기 위해서 어떻게 해야 할지 가이드가 되어주는 금융 참고서. |
| 한 번 배워서 평생 써먹는 박곰희 투자법 | 박곰희 | 인플루엔셜 | 초보 투자자에게 친절한 책이다. 어려운 경제 용어를 다 알지 못해도 할 수 있는 투자법과 중요한 것을 꼭 짚어주는 족집게 과외선생님 같은 책. |
| 경제 기사를 읽으면 주식투자가 쉬워집니다 | 박지수 | 메이트 북스 | 경제 기사를 쉽게 읽는 방법, 핵심을 찾아내는 방법을 알려준다. 그 내용을 토대로 투자에 적용할 수 있는 연결법을 연습해볼 수 있다. |

| 코로나 이후, 대한민국 부동산 | 김원철 | 알에이치 코리아 | 《부동산 소액 투자의 정석》의 저자가 알려주는 팬데믹 이후의 대한민국 부동산의 변화. 새롭게 뜨는 곳, 변화할 곳을 분석하며 부동산의 변화를 예측한다. |
|---|---|---|---|
| 꿈꾸는 구둣방 | 아지오 | 다산북스 | 시각장애인 대표와 청각장애인 직원들이 직접 고객의 발을 만져가며 만드는 구두 회사. 한 번의 실패 이후 다시 재기에 성공하기까지, 그들의 진심과 정성이 사람들에게 알려지기까지의 여정이 담겨 있다. |
| 파이어족이 온다 | 스콧 리킨스 | 지식노마드 | 조기 은퇴를 목표로 하는 '파이어족'에 대한 이야기다. 자신의 경제 상황에 맞는 경제 습관으로 원하는 때에 은퇴를 한 사람들의 이야기. |
| 이코노믹 센스 | 박정호 | 청림출판 | 합리적인 소비를 위해 무엇을 해야 할까? 쉽게 돈을 쓰기 전에 생각해야 할 것을 알려주고 우리가 알아야 할 경제 상식을 쉽게 풀어준다. |
| 돈의 속성 | 김승호 | 스노우 폭스북스 | 최상위 부자가 말하는 돈의 속성. 자수성가한 부자가 생각하는 돈은 어떤 것이며, 어떻게 관리해야 하는지 돈을 대하는 자세에 관해 일러준다. |
| 돈과 인생의 비밀 | 혼다 켄 | 더난 출판사 | 자신의 자전적인 경험을 쉬운 이야기로 만들어 많은 사람이 부자가 되는 방법을 알려주고 있다. |
| 죽은 경제학자의 살아있는 아이디어 | 토드 부크홀츠 | 김영사 | 경제학 필수 도서. 경제사상과 경제학자들의 주장을 연결하며 각 경제 현상의 이야기를 흥미롭게 풀어간다. |

## 자기계발

| 타이탄의 도구들 | 팀 페리스 | 토네이도 | 팀 페리스가 만난 '타이탄'들의 성공 노하우가 담긴 책. 유명한 사람들의 이야기를 통해 많은 깨달음을 얻을 수 있다. |
|---|---|---|---|
| 백만장자 메신저 | 브렌든 버처드 | 리더스북 | 자기 경험과 지식을 메시지로 만들어 다른 사람을 돕는 1인 기업가가 되는 방법을 알려준다. |
| 성공하는 사람들의 7가지 습관 | 스티븐 코비 | 김영사 | 기존의 자기계발서와 다른 내면의 변화와 원칙 중심의 삶의 소중함을 알 수 있는 책. 7가지 습관을 통해서 지속적인 내면의 성장을 점검할 수 있다. |
| 미라클 모닝 | 할 엘로드 | 한빛비즈 | 자기계발의 기본서라고 불리는 책. 일어나서 할 수 있는 루틴 소개, 일어나야 하는 이유 등을 알 수 있다. 비슷한 책으로는 《아침 5시의 기적》, 《나의 하루는 4시 30분에 시작된다》 등이 있다. |

| | | | |
|---|---|---|---|
| 데일 카네기 인간 관계론 | 데일 카네기 | 현대지성 | 인간관계의 기본서. 친구를 만드는 방법, 적을 만들지 않는 방법 등을 배울 수 있다. 가족, 사회 등 모든 인간관계에 적용할 수 있는 책이다. |
| 배움을 돈으로 바꾸는 기술 | 이노우에 히로유키 | 예문 | 배운 것을 수익화할 수 있는 간단한 방법들을 통해 더 나은 삶을 계획할 수 있도록 돕는 책. |
| 원 워드 | 존 고든, 댄 브리튼, 지미 페이지 | 다산4.0 | 자신에게 주어지는 '한 단어'를 통해 한 해를 알차게 보낼 수 있다면? 자신의 한 단어를 정하는 방법과 얻을 수 있는 소중한 가치 등을 알 수 있는 책이다. 매년 읽으면 좋다. |
| 더 해빙 | 이서윤, 홍주연 | 수오서재 | 저자 두 명의 대화를 통해 부와 행복으로 가는 길을 안내한다. Having을 통해 누구나 행복한 부자, 진정한 부자가 될 수 있다고 말하는 책이다. |
| 운을 읽는 변호사 | 니시나카 쓰토무 | 알투스 | 변호사인 저자가 1만 명이 넘는 의뢰인을 만나면서 운이 좋은 사람과 운이 나쁜 사람에게는 각각 그것을 불러오는 이유가 있다는 것을 발견한다. 우리도 운이 좋은 사람으로 살 수 있는 힌트를 알려준다. |
| 에너지 버스 | 존 고든 | 쌤앤파커스 | '자기 삶'이라는 에너지 버스에 누구를 태울 것인가? 에너지 뱀파이어를 골라내고 내 인생을 에너지 가득한 삶으로 만들고 싶다면 읽어보기를 추천한다. |
| 나는 고작 한번 해봤을 뿐이다 | 김민태 | 위즈덤하우스 | 저자의 사소한 행동-15분 걷기, 30분 읽기, 한 번 말하기, 쓰기-등이 삶을 어떻게 변화시켰는지 알려준다. 작은 용기로도 큰 변화를 가져올 수 있다고 말하고 있다. |
| 역행자 | 자청 | 웅진지식하우스 | '인생도 게임처럼 공략이 있다.' 저자가 찾아낸 7가지 성공방식을 따르기면 순행자가 아닌 역행자의 삶을 배울 수 있다. |
| 스몰 스텝 | 박요철 | 뜨인돌출판 | 성취감을 느낄 수 있는 소소한 작은 습관을 통해서 자신이 좋아하는 일을 찾아가는 과정을 보여준다. |
| 메모의 재발견 | 사이토 다카시 | 비즈니스북스 | 종이와 펜으로 메모를 하는 이유와 메모를 하는 노하우를 알려준다. 메모를 자주 하거나 아이디어를 수집하려는 사람에게 도움이 되는 책이다. |
| 부자의 인간관계 | 사이토 히토리 | 다산3.0 | 좋은 사람에게 돈이 모이도록 도와주는 일본의 괴짜 사업가이자 거부인 저자가 인간관계와 돈의 흐름을 수월하게 만드는 방법을 알려준다. |

| | | | |
|---|---|---|---|
| 엄마의 20년 | 오소희 | 수오서재 | 저자는 엄마가 아닌 한 사람으로, 삶을 가꾸는 방법을 알려주는 육아 멘토. 아이의 계발보다 엄마의 계발이 중요하다고 말하며 엄마들에게 자신을 찾으라고 조언한다. |
| 아티스트 웨이, 마음의 소리를 듣는 시간 | 줄리아 캐머런 | 비즈니스 북스 | '모닝페이지', '아티스트 데이트' 등의 유명한 말을 만들어낸 자기계발서. 자기 안에 있는 예술적인 재능을 끌어내도록 돕는 책이다. |
| 이대로는 안 되겠다 싶은 순간 정리를 시작했다 | 윤선현 | 인플루엔셜 | 내 인생에서 꼭 필요한 것만 가지는 것이 바로 나를 아끼는 일이며 곧 행복이라고 말한다. 책을 읽고 나면 집 정리를 하게 된다. |
| 아들 셋 엄마의 돈 되는 독서 | 김유라 | 차이정원 | 돈도 시간도 없던 아들 셋 엄마가 어떻게 부동산 투자 전문가가 되었는지 알려준다. 육아와 자기계발 둘 다 놓치지 않을 수 있는 비결을 알 수 있다. |
| 별의 상인 | 이누카이 타보 | 국일 미디어 | 성공과 부자가 되고 싶은 사람에게 부를 나누는 세계에 사는 방법을 소설 형식으로 보여준다. |
| 일독일행 독서법 | 유근용 | 북로그 컴퍼니 | 한 권의 책을 읽고 가슴에 남는 하나의 행동만 해도 지금보다 나은 삶을 살 수 있다고 생각한 저자가 어떻게 독서와 행동으로 삶을 변화시켰는지 알려준다. |
| 호오포노포노의 비밀 | 조 비테일, 이하레아카라 휴 렌 | 판미동 | 하와이 원주민의 문제 해결법인 '호오포노포노'의 원리를 통해 자신 내면의 정화를 끌어내는 방법을 알려주는 책. |
| 서울 자가에 대기업 다니는 김 부장 이야기 | 송희구 | 서삼독 | 대한민국 직장 생활과 부동산에 관한 몰입력 높은 이야기. 직장인들의 고민과 현실을 그려내며 내 생활은 어떤지 고민해볼 수 있는 책이다. |
| 아웃라이어 | 말콤 글래드웰 | 김영사 | 유명한 '1만 시간의 법칙'이라는 말이 나온 책. 개인적인 특성 이외에 문화적 유산과 특별한 기회로 '아웃라이어'가 된 사람들의 이야기를 볼 수 있다. |

| | | | |
|---|---|---|---|
| 무지개 원리 | 차동엽 | 국일 미디어 | 하는 일마다 잘되는 '무지개 원리' 7가지를 통해 삶을 행복하고 감사하게 바꾸는 방법을 알 수 있다. |
| 듣고 싶은 한마디, 따뜻한 말 | 정유희 | 보아스 | 단어는 감정을 가지고 있다. 상대방을 존중하는 따뜻한 말은 관계와 삶의 질을 높인다. 이 책을 통해 자신이 평소에 어떻게 말하고 있는지 돌아보게 한다. 또한 사람들과의 좋은 관계를 위한 화법을 비롯해 태도, 몸가짐, 마음가짐 등이 총체적이고 자세하게 설명되어 있다. |
| 일일일책 | 장인옥 | 레드스톤 | 삶의 고비에서 만난 책이 3년 만에 1,000권이 되었다는 저자는 독서를 통해 삶이 변화했다고 말한다. 삶이 힘든 속에서도 어떻게 책을 읽는지 보여준다. |
| 마음의 연금술 | 웨인 다이어 | 비즈니스 북스 | 11가지 인생의 깨달음을 알려주며 내 마음을 살피고 자기 내면의 소리에 더 집중하도록 이끌어준다. |
| 청소력 | 마스다 미츠히로 | 나무 한그루 | 저자는 청소를 하는 것만으로도 삶의 변화를 일으킬 수 있다고 말한다. 청소의 힘을 알고 그것으로 행복한 삶을 만들어갈 수 있도록 돕는 책이다. |
| 나를 바꿀 자유 | 김민기 | 프레너미 | 명문대를 졸업하고 대기업이라는 기회를 박차고 나와 낯선 삶을 살기를 선택한 저자의 이야기. 자기 인생의 주인공이 자신이라는 것을 깨닫고 그런 삶을 만들 수 있도록 용기를 주는 책이다. |
| 교육 · 실용 | | | |
| 조선의 밥상머리 교육 | 김미라 | 보아스 | 자녀들에게 한순간의 성공이 아니라 평생 잘살아갈 방법을 알려주는 책. 사람답게 사는 법과 제대로 된 교육이 무엇인지 생각해볼 수 있는 책이다. |
| 학원 없이 살기 | 사교육걱정없는세상 노워리 상담넷 | 비아북 | 학습, 사교육에 관한 불안한 심리를 잡아 줄 수 있는 상담 내용을 담은 책. 이리저리 휩쓸리지 않고 자녀의 행복한 교육을 할 수 있게 돕는 책이다. |
| 운을 부르는 아이로 키워라 | 김승호 | 김영사 | 내 아이에게 좋은 운을 가져다주기 위해 부모가 실천해야 할 일을 알려준다. 운이 좋은 아이로 키우는 방법을 배울 수 있다. |

| | | | |
|---|---|---|---|
| 돈을 아는 아이는 꾸는 꿈이 다르다 | 성유미 | 잇콘 | 일반 가정에서 아이들에게 쉽게 경제 개념을 익힐 수 있도록 도와주는 실용 경제서. 일상 속 경제를 파악하고 공부가 아닌 생활경제로 받아들일 수 있는 쉬운 경제교육서. |
| 아이를 변화시키는 두뇌 음식 | 조엘 펄먼 | 이아소 | 〈MBC 스페셜〉에 소개된 두뇌 음식의 놀라운 효과를 책으로 엮은 것이다. 꼴찌를 우등생으로, 난폭한 아이가 성격 좋은 아이로 변하게 하는 음식에 관한 이야기다. |
| 공부머리 독서법 | 최승필 | 책구루 | 독서의 많은 장점 중 공부에 초점을 맞춘 책. 책을 많이 읽지만 왜 공부를 못하는 아이가 많은지, 공부 머리를 키워주는 독서법이란 무엇인지 알려준다. |
| 부모 잠언 | 리처드 템플러 | 세종서적 | 진정한 교육은 가정에서 이루어진다는 것을 알려주며, 부모가 익히고 행동해야 할 내용을 잠언의 형식으로 엮은 책. |
| 초등 고전 읽기 혁명 | 송재환 | 글담 | 초등 전교생 고전 읽기 운동을 통해 아이들의 변화를 끌어낸 저자가 고전 읽기의 중요성에 대해 이야기한다. 지금 시대에도 여전히 기본은 고전이라고 말하는 책이다. |
| 사교육 없이 국제중 보낸 하루 나이 독서 | 이상화 | 푸른육아 | 하루에 아이의 나이만큼 책을 읽어주는 '하루 나이 독서'를 통해 사교육 없이 국제중에 아이를 진학시킨 비법과 독서 노하우를 알려준다. |
| 하루 15분 책읽어주기의 힘 | 짐 트렐리즈 | 북라인 | 아이에게 책을 읽어줘야 하는 이유, 책을 좋아하게 만드는 방법 등을 알려준다. 아이에게 언제까지 책을 읽어줘야 하는지에 대한 답을 찾을 수 있다. |
| 다시 아이를 키운다면 | 박혜란 | 나무를심는사람들 | 할머니가 되고 손자녀를 보면서 '다시 아이를 키운다면' 꼭 해보고 싶은 것과 변하지 않는 것을 정리해놓은 책이다. 자녀에게서 한걸음 물러나 아이를 볼 수 있게 만들어준다. |
| 그 아이만의 단 한 사람 | 권영애 | 아름다운 사람들 | 교사인 저자가 만난 소위 '문제아'에게 따뜻한 말과 손길을 건네면서 변화하는 아이들의 모습을 담았다. 자녀에게 '단 한 사람'이 될 수 있는 부모의 역할을 생각하게 하는 책이다. |
| 달팽이 책육아 | 김윤희 | 푸른육아 | 책을 거부하던 아이들이 책 바보가 되고, 스스로 공부하게 된 사연. 달팽이처럼 느려도 하루 딱 1권만 읽도록 도와주는 엄마의 책 육아법이 담겨 있다. |

| | | | |
|---|---|---|---|
| 요즘 아이들 마음고생의 비밀 | 김현수 | 해냄 | 공부에 올인하도록 만드는 부모와 교사가 아이들을 얼마나 불행에 빠뜨리는지 알리고 해결책을 찾는 책. 정신건강의학과 전문의인 저자가 만난 청소년들의 불행의 실태를 볼 수 있다. |
| 엄마가 학원을 이긴다 | 정하나 | 문예 춘추사 | 아이가 진정으로 의미 있는 삶을 살도록 엄마는 아이의 멘토가 되어 아이를 이끌어주어야 한다는 내용이다. 아이의 삶을 행복하게 해주고 싶은 엄마들에게 추천하는 책. |
| 칼 비테의 자녀교육 불변의 법칙 | 칼 비테 | 미르에듀 | 평범한 아이를 영재로 만드는 칼 비테 교육법. 아이의 머리와 마음을 올바르게 만들어, 몸과 마음이 건강해지는 교육법들이 소개된 가정교육의 바이블. |
| 부모 인문학 수업 | 김종원 | 청림 라이프 | 부모가 나아져야 아이도 성장한다고 말하며, 아이 스스로 본인의 삶을 살 수 있게끔 부모가 이끌어주는 방법을 알려준다. 부모와 아이 모두에게 지침서가 되는 책이다. |
| 대한민국 부모 | 이승욱, 신희경, 김은산 | 문학동네 | 아이들의 고통이 전해지는 책이다. 요즘 아이들이 힘든 이유가 무엇인지, 대한민국 부모로서 아이들에게 무엇을 해주는 것이 옳은지 생각하게 된다. |
| 어떻게 말해줘야 할까 | 오은영 | 김영사 | 아이에게 말하는 방법을 배울 수 있는 책. '어떻게 말해줘야 하는지'에 대한 내용이 예시와 함께 소개되어 구체적으로 배울 수 있다. |
| 내 아이를 위한 감정 코칭 | 최성애, 조벽, 존 가트맨 | 해냄 | 감정 코칭을 통해 변화할 수 있는 인간관계에 대해 말한다. 부모의 유형을 살펴보며 '나는 어떤 부모인지' 생각해보면 좋다. |
| 하브루타 부모 수업 | 김혜경 | 경향BP | 온 가족이 하브루타를 나눈 경험을 공유한다. 어렵기만 한 이론서가 아닌 실천하기 쉬운 실제 사례가 많아 도움이 된다. |
| 엄마의 말 공부 | 이임숙 | 카시오 페아 | 엄마가 꼭 알아두어야 할 '엄마의 전문용어 5가지'가 나온다. 상황에 맞게 아이에게 말을 한다면 아이와의 대화가 쉽게 풀릴 것이다. |
| 메타인지 학습법 | 리사 손 | 21세기 북스 | 토끼와 거북이 중 내 아이는 무엇일까? 이 책은 내가 잘하는 것과 못하는 것을 파악하는 능력을 갖추는 것이 내면의 힘을 키우는 일이라고 말하고 있다. |

| | | | |
|---|---|---|---|
| 엄마 반성문 | 이유남 | 덴스토리 | 잘나가는 교사, 전교 1등 자녀의 부모였던 저자가 아이들의 연이은 자퇴로 인해 코칭을 만나게 되고 관계를 회복한 이야기. 자녀들과의 악화된 관계 회복을 배울 수 있는 책. |
| 하루 10분, 내 아이를 생각하다 | 서천석 | 비비북스 | 아이와 부모 모두에게 필요한 따뜻한 말이 가득한 책. 어느 부분이나 펼쳐서 읽기 좋다. |
| 하루 3시간 엄마 냄새 | 이현수 | 김영사 | 어린아이를 키우는 부모가 읽으면 좋은 책. 직장에 다니는 부모가 죄책감을 덜어낼 수 있는 내용이 많아 위안이 된다. |
| 0.1%의 비밀 | 조세핀 김, 김경일 | EBS 북스 | 〈EBS 부모특강〉 방영분을 책으로 엮은 것. 아이에게 필요한 것이 자존감과 창의성이며, 부모가 그것을 키워주는 방법을 알려준다. |
| 힘 빼고 육아 | 신혜영 | 유노라이프 | '미니멀 육아'로 아이와 엄마가 모두 행복해질 수 있는 육아 실전기를 공유한다. 잔소리하지 않아도 아이가 알아서 할 수 있는 시스템을 만드는 팁이 많다. |
| 나는 왜 아이에게 화가 날까? | 한기연 | 팜파스 | 육아 스트레스로 힘들어하는 엄마들의 마음속 화를 진단해보고 건강한 엄마의 내면을 유지할 방법을 알려준다. |
| 여행 육아의 힘 | 서효봉 | 카시오페아 | 여행이 그냥 놀러 가는 것이 아닌 '내 아이를 위한 가치 있는 활동'이 되도록 조언해주는 책이다. 낯섦과 두려움이 호기심과 도전이 될 수 있도록 도와준다. |
| 에세이 · 소설 · 시 | | | |
| 숨결이 바람 될 때 | 폴 칼라니티 | 흐름출판 | 저자는 서른여섯에 전문의를 코앞에 두고 폐암 4기 판정을 받는다. 치명적인 뇌 손상 환자를 치료하던 자신이 폐암 말기를 선고받고 기록한 2년의 세월을 담은 책이다. |
| 너를 있는 그대로 사랑해 | 황수빈 | 마음의숲 | 갑자기 나타난 아이의 뇌전증으로 거부, 혼란, 자책 등의 과정을 겪으면서 결국 현재를 잘 살아가는 데 집중하는 가족의 이야기. 아이의 병은 여전히 진행 중이지만 행복해질 수 있는 이유를 말하는 책이다. |
| 꽃들에게 희망을 | 트리나 폴러스 | 시공주니어 | 주인공 애벌레의 삶을 통해 자신의 본모습을 찾기 위한 여정이 그려진다. 읽는 사람의 상황에 따라 책의 내용이 다양하게 해석될 수 있는 책이다. 전 연령층에 추천한다. |

| | | | |
|---|---|---|---|
| 사양합니다,<br>동네 바보형이라는<br>말 | 류승연 | 푸른숲 | 발달장애 아이의 엄마가 이야기하는 장애 가족의 이야기. 치료실 사교육 등 비장애 가정에서 잘 알지 못하는 이야기 등 장애 가족을 알고 이해하기 좋은 책. |
| 책을 지키려는<br>고양이 | 나쓰카와<br>소스케 | 아르테 | 책을 지키려는 고양이가 책을 지키기 위해 사람인 주인공의 도움을 얻어 모험하는 이야기. 소설 형식으로 독서법을 이야기하는 책. |
| 골든아워 | 이국종 | 흐름출판 | 한국의 중증외상센터의 현실을 그대로 보여주는 책. 중증외상센터를 지키려는 사람과 녹록지 않은 현실을 보며 안타까움과 간절함을 느낄 수 있다. |
| 데미안 | 헤르만 헤세 | 민음사 | 한 소년이 참된 자아를 발견하기 위해 고민하는 성장소설. 청소년 시기를 겪는 아이들의 세계를 이해할 수 있으며, 혼란의 시기를 겪는 성인에게도 추천. |
| 영초언니 | 서명숙 | 문학동네 | 제주 올레길을 만든 서명숙 저자가 밝힌 실제 인물 '천영초'의 이야기. 박정희 정권의 긴급조치 시대 대학생의 모습을 보여주며 민주주의에 몸을 바친 청년들의 모습을 볼 수 있다. |
| 임계장 이야기 | 조정진 | 후마니<br>타스 | 우리 사회 곳곳의 계약직 노동자의 이야기를 다룬 책. 책을 읽은 후 낮은 곳에서 일하는 수많은 '임계장'이 눈에 띌 것이다. |
| 편의점 인간 | 무라타<br>사야카 | 살림<br>출판사 | 감정을 느끼지 못하는 주인공이 보통 인간인 척하며 살아갈 수 있는 편의점. 소설 내내 '보통 인간'이라는 범위는 누가 만드는 것인지, '보통 인간'이 되어 보통으로 살아가는 삶은 어떤 것인지 생각하게 하는 책이다. |
| 알로하,<br>나의 엄마들 | 이금이 | 창비 | 일제 강점기 시절, 사진 한 장으로 하와이로 떠난 이민 1세대인 사진 신부 이야기. 우리가 알지 못했던 역사적인 사실을 알 수 있고, 한 편의 영화를 보는 듯한 느낌이 드는 소설이다. |
| 어린 왕자 | 생텍쥐페리 | 열린책들 | 다른 별에서 온 어린 왕자를 통해 삶에서 가장 중요한 것을 생각하게 한다. 성인이 되어 다시 읽으면 새롭게 해석되는 책이다. |

| 딸에 대하여 | 김혜진 | 민음사 | 딸을 위해 살아온 엄마, 성 소수자인 딸, 치매로 무연고 요양원에 누워 있는 사회운동가였던 젠 등의 인물을 통해 어떤 삶이 옳은지 또는 행복한 것인지 고민하게 된다. 다양한 형태의 등장인물들을 보며 사회문제와 삶을 생각하게 하는 책이다. |
|---|---|---|---|
| 어떤 죽음이 삶에게 말했다 | 김범석 | 흐름출판 | 암 환자를 치료하는 의사의 눈으로 바라본 삶의 의미를 다룬 책. 책을 읽으며 삶과 죽음의 의미를 돌아보고 살아가는 동안 어떤 삶을 가꿔나갈지 생각해 보게 하는 책이다. |
| 스물아홉 생일, 1년 후 죽기로 결심했다 | 하야마 아마리 | 예담 | 절망에 빠진 저자가 자신에게 1년의 시한부를 선고한다. 이후 일어나는 삶의 변화는 좌절 속에서도 삶을 의미 있게 만들어갈 수 있다는 용기와 희망을 준다. |
| 은수저 | 나카 간스케 | 작은씨앗 | 어린이의 시선을 따라가며 어린이의 세계를 잘 묘사하는 책이다. 슬로리딩으로 3년간 이 책을 교재로 국어 수업을 한 고등학교에서 일본 유명 대학 진학률이 높아져 더 유명해졌다. |
| 긴긴밤 | 루리 | 문학동네 | 마지막으로 남은 코뿔소와 버려진 알에서 태어난 펭귄의 긴 여정을 다룬 이야기. 자신과 다른 누군가를 위해 알지 못하는 곳(바다)을 향하는 이야기다. |
| 죽은 자의 집 청소 | 김완 | 김영사 | 고독사한 집을 청소하는 특수청소노동자인 저자가 보는 죽음과 삶의 이야기. 고독사했지만 철저히 삶을 찾았던 사람들의 흔적을 따라갈 수 있다. 삶에 관한 생각을 하게 되는 책이다. |
| 페인트 | 이희영 | 창비 | 아이가 부모를 선택할 수 있다면? 어떤 부모가 좋은 부모인지, 청소년들은 어떤 부모를 선택할 것인지 부모의 역할, 부모에 대한 인식을 돌아보게 하는 책이다. |
| 달리기를 말할 때 내가 하고 싶은 이야기 | 무라카미 하루키 | 문학사상 | 세계적인 작가인 무라카미 하루키가 밝히는 달리기와 작품활동의 관계. 그에게 달리기의 의미와 문학 이야기를 들을 수 있다. |
| 풀꽃도 꽃이다 | 조정래 | 해냄 | 아이들은 어릴 때부터 수능, 대학 진학을 위해 사교육에 휩쓸리고, 공부만을 위해 아이들을 채찍질하는 부모와 교사를 비판하는 내용. 그 속에서 참된 교육이란 무엇인지 생각하고 현실을 돌아보게 하는 책이다. |

| | | | |
|---|---|---|---|
| 책으로<br>치유하는 시간 | 김세라 | 보아스 | 문학작품 속 등장인물들의 인생을 보며 그들의 상처와 감정을 살펴본다. 우리가 가진 상처와 그 것의 치유도 생각해보게 하는 책. |
| 모순 | 양귀자 | 쓰다 | 25세의 미혼여성 안진진을 통해서 인간 삶의 모순을 본다. 책을 읽으며 내가 가진 모순의 모습을 순간마다 발견할지도 모른다. |
| 나의 피투성이<br>연인 | 정미경 | 민음사 | 6편의 단편이 실려 있다. 제목은 첫 번째 작품의 제목이기도 하다. 모든 작품은 결코 순탄하지 않은 우리 삶을 상징적으로 보여준다. 날카로우면서도 따뜻한 삶에 대한 작가의 시선을 느낄 수 있다. |
| 소년과 두더지와<br>여우와 말 | 찰리 맥커시 | 상상의힘 | 책을 펼치면 따뜻함이 몰려온다. 용기, 우정, 존재, 사랑을 느낄 수 있다. 그림을 찬찬히 보면서 이야기 나누기 좋다. |
| 저 청소일<br>하는데요? | 김예지 | 21세기<br>북스 | 저자는 꿈과 생계 모두를 위해 청소일을 선택한다. 20대 여성으로 청소일을 한다는 편견과 자신의 꿈을 찾아가는 청년의 고민을 볼 수 있다. 청소년, 청년, 부모가 모두 읽어보면 좋다. |
| 당신이 잘되면<br>좋겠습니다 | 김민섭 | 창비교육 | 크고 화려하지 않은 모닥불 같은 모습의 작가 특유의 따뜻함과 사회를 보는 냉철함이 잘 어우러져 책을 읽는 내내 입가에 미소가 떠오르는 책. |
| 유진과<br>유진 | 이금이 | 밤티 | 아동 성폭력 피해자인 두 아이가 우연히 중학교 같은 반에서 만나게 되면서 이야기가 시작된다. 피해자가 죄책감을 느끼고 또 다른 사회적 낙인을 갖게 되는 사회를 비판한다. |
| 걷는 독서 | 박노해 | 느린걸음 | 책 어느 곳이든 펼쳐보면 좋다. 작가가 직접 찍은 사진과 글을 읽으면 마음이 따뜻해지며 삶의 지혜를 얻을 수 있다. |
| 나에게 더 좋은<br>사람이 되고 싶어서 | 장주연 | 포르체 | 라디오 작가라는 직업을 갖고 자신을 돌보며 살아가는 삶을 보여준다. 매일 생방송을 하며 전쟁 같은 시간을 보내지만, 퇴근 후에는 또 다른 모습의 자신을 사랑하는 시간을 보낸다. 나를 돌보는 힌트를 얻을 수 있는 책. |

# 오랜 상처를 치유하는 길을
# 나는 책 속에서 찾았다!

## ★ 이해인 수녀 추천도서 ★

쓰면서 치유하는《상처를 떠나보내는 시간》에 이은
상처 테라피 제2탄!
40편의 세계문학을 읽으며 치유하는 상처 테라피

공감, 치유, 성장의 가치를 함께하는 독서모임 만들기

혼자 읽기를 넘어 같이 읽기의 힘

**초판 1쇄 발행** 2022년 10월 28일

**지은이** 신화라
**펴낸곳** 보아스
**펴낸이** 이지연
**등 록** 2014년 11월 24일(No. 제2014-000064호)
**주 소** 서울시 양천구 목동중앙북로8라길 26, 301호(목동) (우편번호 07950)
**전 화** 02)2647-3262
**팩 스** 02)6398-3262
**이메일** boasbook@naver.com
**블로그** http://blog.naver.com/shumaker21

ISBN 979-11-89347-16-1 (03190)